JN212550

今川義元

知られざる実像

小 和 田 哲 男

駿河を拠点に今川家の最盛期を築いた今川義元。「海道一の弓取り」の異名をとった（臨済寺蔵）

写真提供：水野茂（静岡古城研究会会長）

義元に仕えた僧侶・雪斎。武田・北条との外交政策に手腕を振るった（臨済寺蔵）

義元の母・寿桂尼。氏親亡き後、幼い氏輝に代わり今川氏の政務を取り仕切った（菊川市 正林寺所蔵）

義元の父・今川氏親。戦国時代を代表する分国法「今川仮名目録」を制定したことで知られる（増善寺蔵）

昭和57年に行われた駿府城二の丸の発掘調査。今川時代の地表からは池や庭園などの遺構が姿を現わし、銭貨や陶器なども出土した

駿府今川館の詰めの城として機能した賎機山城。現在も土塁や堀切などの遺構が残る

戦国期に金を豊富に産出した日影沢金山の坑道跡

花蔵の乱の舞台となった花倉城。義元はこの戦いに勝利し、今川家の家督を継いだ

今川義元の肖像画（大聖寺蔵）。武将としての勇ましさが感じられる

今川義元　知られざる実像

小和田哲男

はじめに

戦国武将といえば、「天下取りの三英傑」などといわれる織田信長・豊臣秀吉・徳川家康の三人が特に有名で、知名度といった点ではこの三人に続いて武田信玄や上杉謙信、さらには伊達政宗・長宗我部元親らの人気が高い。

それら有名かつ人気武将にくらべると、今川義元の知名度はかなり低いといわざるをえない。曰く「お公家さんみたい」、「桶狭間の無様な負け方は何だ」などと散々である。二万五千の兵を擁し、桶狭間でたった二千の織田信長に負け、首をとられたことはたしかである。しかし、そのことをもって、今川義元の全人格を否定してよいものなのだろうか。桶狭間の敗北のシーンだけが一人歩きしているように思えてしかたがない。

今川義元は永正十六年（一五一九）の生まれである。二〇一九年はちょうど義元生誕五〇〇年という節目の年にあたる。義元のやったこと、やろうとしたことを振り返るいい機会ではないだろうか。

私は「今川復権」といういい方をしている。復権の正式な意味は「いったん喪失した権利や資格を回復すること」（『広辞苑』）ということなので、権利や資格ではないため、本来の復権とは微妙にちがってくるが、いわんとしていることはおわかりいただけるのではないかと思われる。

戦国時代、多くの大名領国では、人びとは戦火に脅え、命の危険にさらされていた。もちろん、義元の時代も、はじめのころは富士川の東部分を相模・伊豆の戦国大名北条氏に侵略されるということがあったが、やがてそれも回復し、駿河・遠江・三河三ヵ国は、戦乱の世にあって、比較的平和な地域となっていた。「今川文化」が花開いたのも義元の時代だった。

本書では、その義元に至る今川氏の流れと、義元の領国経営の実態、さらに、武田信玄・上杉謙信と肩を並べた武将としての義元像を描き出したいと考えている。

目次

第一部

戦国大名　今川氏の実力

第一章　駿河・遠江守護となる今川氏

(1) 三河の今川範国がなぜ遠江へ

三十二歳で出家した範国

鎌倉時代、はじめて今川を名乗った国氏《くにうじ》、そしてその子基氏《もとうじ》の段階は、今川氏は三河国今川荘《いまがわのしょう》の三ヵ村を支配する小さな武士にすぎなかった。足利一門といっても、足利氏そのものは執権北条氏に統轄される一武士にすぎなかったので、国氏、基氏時代にはこれといった事績は残していない。

ただ、一つだけ、のちの今川氏と遠江との関わりの伏線になると思われるできごとがある。それは、弘安八年(一二八五)の霜月騒動のとき、今川国氏が安達泰盛《あだちやすもり》の討伐に軍功があり、その恩賞として遠江国引間荘《ひくまのしょう》を賜ったという記述が『今川記』にみられる点である。そのときの「鎌倉殿御感御教書」なるものは伝わっていないので何ともいえないが、今川氏と遠江は、意外と早い段階でつながりをもっていた可能性はある。

さて、基氏には男の子が五人いた。長男が太郎、次男が次郎、三男が三郎、四男が四郎、そして五男が五郎である。この五郎こそ、今川氏の初代に数えられる今川範国《のりくに》その人である。ちなみに、こうした太郎とか次郎とかを仮名《けみょう》といっているが、このあと、五郎範国の系統が今川氏の嫡流となるため、五郎にちなんだ仮名が一般的となる。たとえば、彦五郎とか新五郎などといった類はそれである。

範国の場合、これは、この時代としては非常に珍しいケースであるが、母親の名前もわかっている。もちろん、俗名は不明で、法名がわかっており、香雲院清庵《こううんいんせいあん》といった。なぜ、母親の名前がわかったかというと、範国の子貞世（了俊）が、彼女から和歌の手ほどきをうけた様子を『了俊弁要抄《りょうしゅんべんようしょう》』（別名『了俊一子伝』）に書き残していたからである。同書によると、香雲院は、範国にも、七、八歳のころから歌を教えていたという。今川氏の女性というと、今川氏親夫人寿桂尼《じゅけいに》が有名であるが、初代範国の母香雲院の存在も忘れてはならないのではなかろうか。

ただ、範国の生年については諸説あって一定していない。連歌師宗長の『宗長日記』の校正者島津忠夫氏は何を根拠にしたか明らかではないが永仁五年（一二九七）の生まれとし、『磐田市史通史編上巻』は嘉元二年（一三〇四）の生まれとしている。しかし、史料としての信憑性の高い『常楽記《じょうらくき》』（『群書類従』第二十九輯）に、至徳元年（一三八四）五月十九日に九十歳で没したことがみえているので、逆算すると永仁三年（一二九五）の生まれとなる。

なお、『今川家略記』によると、嘉暦元年（一三二六）に剃髪出家し、心省《しんせい》入道と号したことがみえる。この所伝を信じれば、範国は三十二歳の若さで出家したことになる。彼の身辺にいかなる出来事があったのか、出家を決意させた要因は何だったのだろうか。どこで剃髪したかも含めて、このあたりの解明は今後の課題である。

中先代の乱と今川四兄弟

三河国今川荘三ヵ村の領主の五男では、ふつうならば、せいぜい所領を少し分けてもらい、在地領主として一生を終えるところである。ところが、範国の時代は、歴史の変わり目にあたっていた。範国兄弟は一躍、歴史の表舞台に登場するのである。さきに、長男が太郎、次男が次郎……と記したが、『今川記』『今川家譜』さらに『尊卑分脈《そんぴぶんみゃく》』などを総合して略系図を作ると次ページのようになる。

ちなみに、この仏満禅師は、大喜法忻といって、鎌倉の浄妙寺第三四世、円覚寺の第三〇世、建長寺の第四〇世になった室町時代初期の臨済宗の名僧である。

「歴史の変わり目」といったのは、具体的には、足利尊氏・新田義貞らによる鎌倉幕府打倒、後醍醐天皇による建武の新政という一連の歴史的な出来事をさす。足利一門である今川氏は、当然のごとく一門のトップである足利尊氏について、各地で転戦することになった。

基氏

- 太郎　式部大輔　頼国《よりくに》
- 次郎　刑部少輔　範満《のりみつ》
- 三郎　頼周《よりちか》
- 四郎　仏満禅師　法忻《ほうきん》
- 五郎　上総介　範国　心省

　この一連の戦いに、出家していた四男の法忻は従わなかった。そのまま禅僧となるべく修行を続けた。それに対し、同じく出家はしたが、五男の範国は出家したまま戦いに加わっている。そして、頼国・範満・頼周・範国の今川四兄弟にとって、決定的な意味をもったのが、建武二年（一三三五）七月、北条高時の遺児時行《ときゆき》がおこした中先代《なかせんだい》の乱である。

　このとき、足利尊氏は京都におり、尊氏の弟直義《ただよし》が鎌倉にいた。北条時行は、建武新政府の打倒を旗印に、手薄な鎌倉をねらい、奪回をはかろうとしたのである。結局、直義は鎌倉を守ることができず、京へ向かって敗走するとともに、兄尊氏の出陣を要請した。

尊氏は、後醍醐天皇に征夷大将軍の任官を迫ったが、天皇は天皇で、天皇親政の政権構想を考えていたため、とうとう尊氏の将軍任官を拒み通し、尊氏は、天皇の許可がないまま時行追討の軍を組織することになった。

そして、その追討軍の中に、頼国・範満・頼周・範国の今川四兄弟の姿があったのである。矢作川《やはぎがわ》の戦いから足利軍の反撃が始まり、浜名湖近くの橋本の戦い、小夜中山《さよのなかやま》の戦い、相模川の戦い、そして武蔵小手指原《こてさしがはら》の戦いと、激しい戦いが各地で繰り広げられ、足利軍の勝利で終わっている。

こうした一連の戦いを総称して中先代の乱とよぶわけであるが、今川四兄弟は、この戦いで大きな犠牲を払っているのである。具体的に見ると、長男頼国と三男の頼周が相模川の戦いで討ち死にしており、二男範満も小手指原の戦いで討ち死にしてしまっている。つまり、四人出陣し、三人戦死し、生き残ったのは末弟の範国一人だったというわけである。

範国は、既に元弘三年（一三三三）九月の段階で遠江守護だったことが確かめられるので、建武政権下の遠江守護だったわけであるが、この中先代の乱の兄三人を犠牲にした代償としての意味あいもあったのであろう。その後も引き続き遠江守護に補任されている。

このころもあった三方ヶ原の戦い

中先代の乱を鎮圧した尊氏は、そのまま鎌倉にとどまっていた。それに対し、後醍醐天皇は「すみやかに上洛すべし」と尊氏に命じている。尊氏は天皇の命に従おうとしたが、弟直義が「いま上洛すれば殺されるだけである」と主張し、天皇の命には従わなかった。両者の亀裂は決定的となり、天皇はすぐさま新田義貞に足利尊氏の討伐を命じている。

ここにおいて、その年、つまり、建武二年（一三三五）の十一月から、県下各地は再び戦場と化し、手越河原《てごしがわら》の戦い、箱根竹の下の戦いなどが繰り広げられている。この一連の戦いで新田義貞は足利尊氏に敗れたが、逃げる新田軍を追って足利軍が西上し、翌建武三年正月早々には京都に迫っている。

その年五月二十五日、摂津湊川《みなとがわ》の戦いで楠木正成を敗死させた尊氏は、六月、光厳《こうごん》上皇を奉じて入京に成功した。このとき、光厳上皇の弟光明天皇を即位させている。こうした尊氏側の動きに対抗し、後醍醐天皇は吉野に潜幸し、ここに、京都の持明院統の北朝と、吉野の大覚寺統の南朝という二つの朝廷が生まれ、いわゆる南北朝時代に突入していったのである。

そのころ範国は、遠江守護として、遠江における南朝方勢力の掃討に精力的に動いていた。建武四年（延元二年、一三三七）七月の三方ヶ原の戦いと三岳城に籠り、南朝方として旗幟を鮮明にしていた井伊氏と戦っている。のち三方ヶ原は、元亀《げんき》三年（一五七二）十二月、武田信玄と徳川家康との戦いの戦場となっているが南北朝時代にも、三方ヶ原は戦場となっていたのである。

範国の美濃青野ヶ原での戦功

三方ヶ原が南北朝時代に戦場となっていたということと全く同じことが関ケ原についてもいえる。「天下分け目の関ケ原」などといわれるあの歴史に有名な関ケ原が、南北朝時代にも「天下分け目」の戦場となっていたのである。ただ、この方は、南北朝期には関ケ原の戦いとはよばれずに、美濃青野ヶ原《あおのがはら》の戦いとよばれている。

戦いがあったのは、翌建武五年（暦応元年、延元三年、一三三八）正月二十八日のことである。このとき、後醍醐天皇の要請をうけ、陸奥霊山《りょうぜん》城にいた北畠顕家《きたばたけあきいえ》が上洛の軍を動かした。『太平記』は軍勢の数を五十万騎としているが、もとよりその数は信用できないが、「此勢ノ打過ケル跡、塵ヲ払テ海道二、三里ガ間ニハ、在家ノ一宇モ残ラズ、草木ノ一本モ無カリケリ」という描写は、このときの北畠軍の進撃の凄《すさ》まじさを物語っているといってよい。

快進撃を続けた北畠軍は、途中、駿河の守護石塔義房《いしどうよしふさ》軍を破り、遠江の守護今川範国軍を破り、美濃まで進んだ。

一方、足利尊氏は、美濃を突破されれば、そのまま北畠軍が京都になだれこんでくる可能性が強いとみて、美濃青野ヶ原に最後の防衛線を敷き、そこで戦いとなったのである。

戦いが繰り広げられたのは、正月二十八日のことであった。圧倒的に北畠軍が多かったということもあり、その日の戦いは北畠軍の勝利で終わった。ところがそのとき、今川範国率いる遠江の軍勢が美濃に到着し、北畠軍の背後から攻めはじめたのである。これを、戦略・戦術上の用語で後詰《ごづめ》といっている。つまり、北畠顕家は、前に足利尊氏、後に今川範国という具合に挟み撃ちされる形となってしまったのである。

軍略家顕家は咄嗟《とっさ》の判断で、そのまま前に進んでは危険と考え、南に折れ、いったん伊勢に入る作戦をとった。仮にこのとき、北畠軍が足利尊氏軍を蹴散らして上洛していたら、北国の新田義貞軍と合流する事態が生まれ、尊氏は苦境に立たされるところであった。それだけに、後詰をしてきた今川範国の働きは大手柄だったわけである。

戦いの論功行賞というものは、いまの私たちが考えているより、はるかに厳しいものだったらしく、このとき、北畠顕家軍に突破されたままの駿河守護石塔義房は、駿河守護を解任されてしまった。それに代わって、今川範国が恩賞として駿河守護に任命されている。つまりこの時点で、範国は遠江・駿河二ヵ国の守護となったわけである。

今川家が氏神として庇護した静岡浅間神社

もっとも、その後すぐ、遠江守護に仁木義長《にきよしなが》が任じられているので、範国にしてみれば、それまでの遠江守護から駿河守護に転じたといった方がわかりやすい。

さて、駿河守護になった範国が一番最初にやったことはといえば、駿河の総社《そうじゃ》への参詣であった。これは律令時代の国司が、任国の総社に参詣した先例に倣ったものと思われるが、そこで実に興味深いエピソードを残している。ちなみに駿河の総社というのは、現在、静岡浅間神社を構成する富士新宮・神部《かんべ》神社・大歳《おおとし》御祖《みおや》神社の三つのうちの一つ神部神社のことである。総社は惣社とも書かれる。

そのエピソードというのは、今川貞世の著した『難太平記』にみえる。要点をかいつまんで紹介しておこう。

範国が駿河守護になって、子の範氏、貞世らを伴って総社に参詣したときのことである。巫女《みこ》が、「遠江国近くで、わが氏子がほしかったので、美濃青野ヶ原の戦いのときに、わしが告げたことを承知か」と神の託宣を口にした。範国は思いあたるふしがなかったので、正直に「わかりません」と答えた。するとまた巫女が神の託宣を口にし、「そなたが笠験《かさじるし》を思案していたとき、赤鳥《あかとり》を授けたのはわしだ。その故に、そなたは戦に勝ち、駿河国を得ることができたのだ」といったのである。

そのとき範国は、「たしかに、青野ヶ原の戦いのとき、笠験を考えた。思いついたのが赤鳥で、戦いに女の人の道具の笠験を思いつくとは自分でも不思議なことと考えておりました。神の力だったことを初めて知りました。以後、子孫、この赤鳥の笠験を使うように致します」といっている。

赤鳥の旗印（垢取り）

事実、この後、今川氏の笠験・馬印・旗印として赤鳥が使われている。そして、このエピソードから、一つは、駿河総社が新守護今川氏に恩を売りつけ、保護を受けようとしていたことがわかり、また、新守護今川範国の側も、そうした託宣をそのまま受けいれることによって、駿河国内に崇敬あつい総社の神威を背景に駿河支配に乗り出していこうとする意図のあったことも読みと

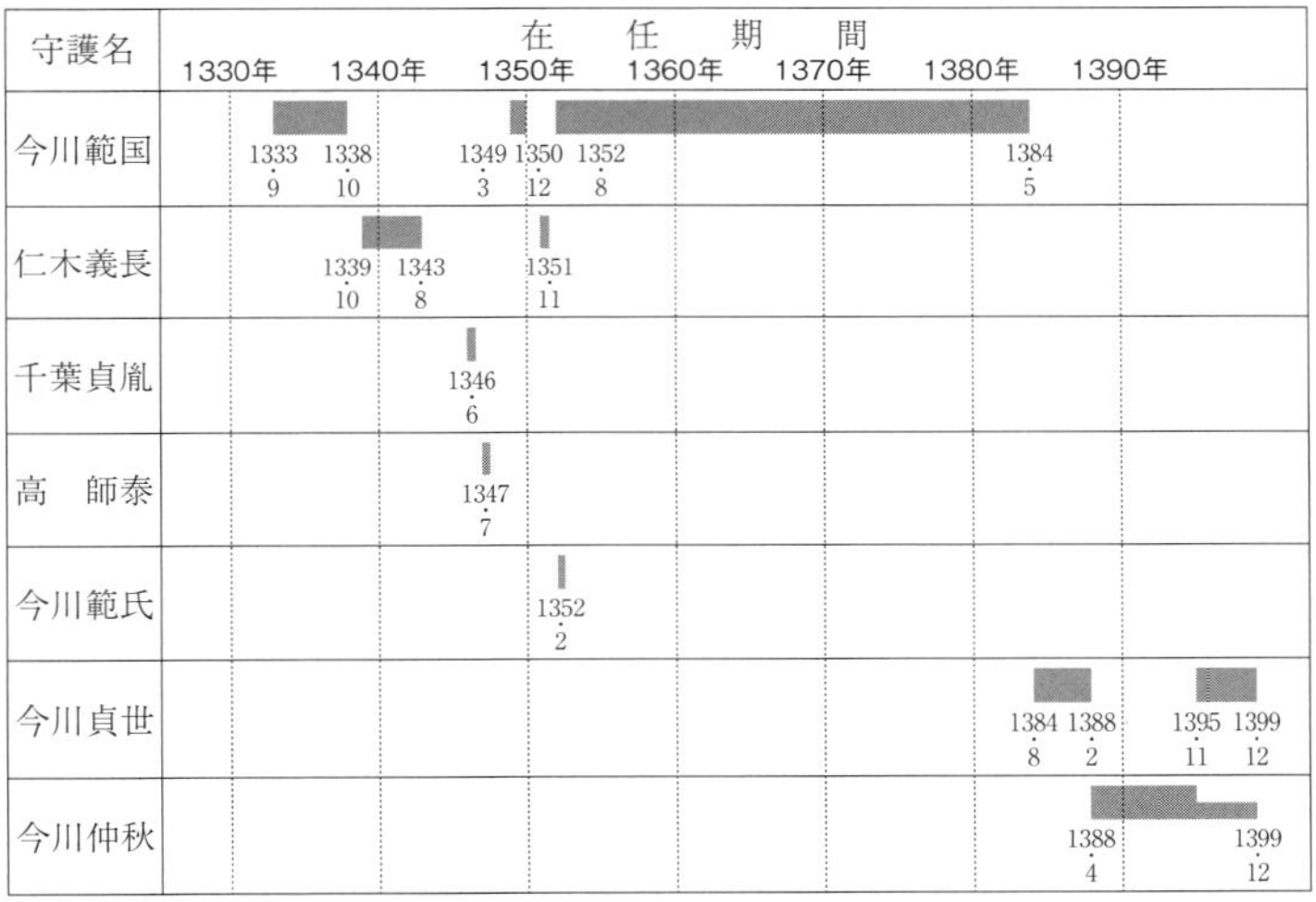

遠江守護の変遷表

ることができるのである。

幕府引付頭人となる範国

このあと、駿河守護は戦国時代までずっと今川氏が世襲する。しかし、遠江の方は、応永十二年（一四〇五）から斯波《しば》氏が世襲するようになるが、それまでは、いくつかの家が目まぐるしく代わっている。代わっている様子を一いち言葉で表現すると、かえって煩雑になり分かりにくいので、貞世の段階までの遠江守護を表にしておく。

この表からも明らかなように、範国が何回か遠江守護になっており、範国の子範氏と貞世の兄弟が断続的にではあるが遠江守護になっており、斯波氏で固定化されるまでは、今川氏が基本になっていたことは明らかである。

ところで範国は、武将としてだけでなく、文官としても有能だったようである。室町幕府にはいくつかの官職があったが、その中の一つ、引付方《ひきつけかた》の長官、すなわち引付頭人《とうにん》になっているのである。

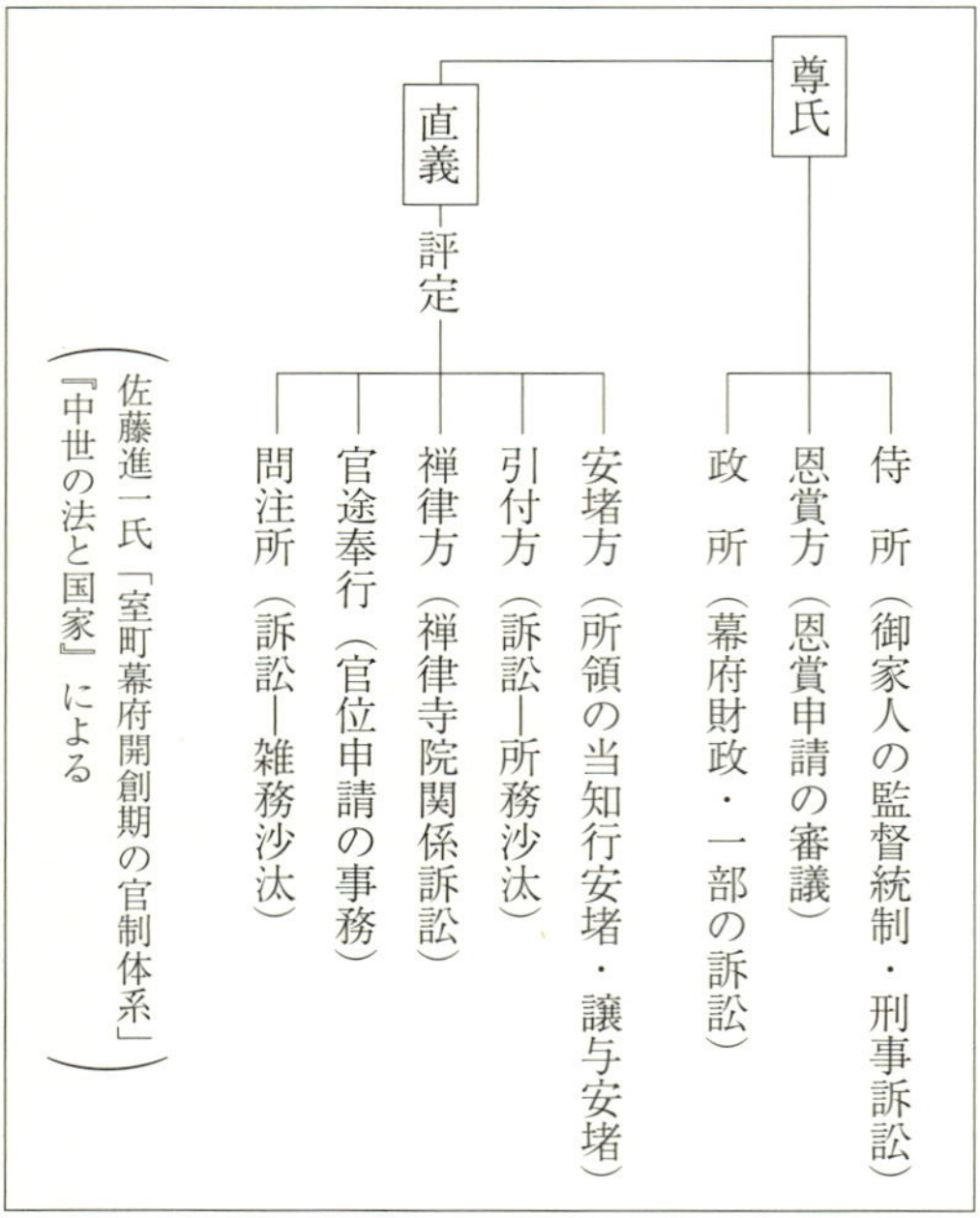

（佐藤進一氏「室町幕府開創期の官制体系」『中世の法と国家』による）

引付頭人の、幕府内における位置を確かめるため、範国の時代、特に観応《かんのう》の擾乱《じょうらん》以前の政治組織をみておくことにしよう。この点については、佐藤進一氏の作成になる「室町幕府初期の政治組織図」が参考になろう。

この図からも明らかなように、引付方は、訴訟の中でも、武士たちとは最も関係の深い所務沙汰《しょむさた》を扱う機関であった。その頭人ということなので、重職といってよい。この時代、時代の変わり目だったということもあり、訴訟は他の時代に比べても多かったと思われ、多忙であり、駿河あるいは遠江にもどることは少なく、京都常駐のような形だったものと考えられる。今川氏の京都における屋敷は新熊野《いまくまの》（現在、京都市東山区泉涌寺付近）にあったといわれている。

なお、つぎの範氏のところでも述べるが、範国より先に子の範氏の方が早く死んでしまい、それだけに、範氏の弟貞世に寄せる期待は大きかったものと思われる。

先に述べたように、範国が没したのは、至徳元年（一三八四）五月十九日のことと考えられる。「考えられる」と、やや曖昧《あいまい》ないい方しかできないのは、死没の年をめぐってはいくつかの異説があるからである。

例えば、江戸時代に、高家今川氏が幕府に提出した家譜では、範国の死を貞治四年（一三六五）四月晦日としているし、『今川家略記』では永徳三年（一三八三）としているのである。しかし、ここでは、『常楽記』や「徳願寺《とくがんじ》過去帳」などの説を採って、至徳元年（一三八四）五月十九日としておきたい。

法名は正光寺殿悟庵心省大禅定門といった。『今川家略記』にも「葬地何れの処か分明ならず」とあるように、どこに葬られたかは不明である。法名の正光寺殿は定光寺殿《じょうこうじ》とも書かれており、定光寺だとすると、「臨済寺文書」中の「臨済寺末寺書付」にみえる見付の定光寺と合致する。ただ残念ながらその定光寺は廃寺となって現在に伝わらない。

現在、磐田市城之崎にある福王寺《ふくおうじ》に「今川氏の墓」といわれる一石五輪の石塔がある。これは、もともと見付にあったといわれているので、定光寺も見付にあったものであろう。範国が長く本拠としたのは遠江の見付なので、葬地が見付にあっても不思議ではない。廃寺となった見付の定光寺が範国の菩提寺だったものと思われる。

(2) 観応の擾乱と今川範氏

薩埵峠の戦いにおける軍功

スタート直後の室町幕府は、尊氏、直義《ただよし》兄弟の名コンビぶりもあって順調に進んでいった。特に、兄の尊氏が武家の棟梁として主従制的な支配権を握り、軍事指揮権および恩賞宛行などで全国の武士をつかんでおり、弟直義はそれに対し、統治権的な側面、すなわち、全国の政務の統轄を行っていた。一種の分権制であり、二人の間がスムーズなうちは、この分権制がプラスに作用していたのである。

ところが、尊氏の執事として実権をもつようになってきた高師直《こうのもろなお》と直義との衝突に端を発し、ついには抜き差しならない対立へと追いこまれていくことになった。争乱のピーク時の元号をとって、観応《かんのう》の擾乱《じょうらん》とよんでいる。

当初、直義の要求が通って師直が執事を罷免されたため、騒動は収まるかにみえた。しかし、師直の弟師泰《もろやす》が兵一万を率いて入京してきたため、直義はそれを支えきれず、尊氏邸に逃げこんで保護を求めた。

このとき、師直・師泰兄弟は、直義方の反師直派急先鋒ともいうべき上杉重能《うえすぎしげよし》・畠山直《はたけやまなお》宗《むね》の身柄引き渡しを要求し、この二人はその後殺されている。

今川範国の墓（福王寺・磐田市）

これだけで済んでいれば大きな争乱に発展することはなかったわけであるが、尊氏の実子で、直義の養子となっていた足利直冬《ただふゆ》が、九州だけでなく、中国地方にも勢力を伸ばし始め、そうした混乱の虚《きょ》を衝《つ》いて直義も京都脱出に成功し、ここに、尊氏と直義との本格的な衝突のときを迎えることになった。

この兄弟対立が全国的な争乱と化し

た要因として、尊氏・直義それぞれの陣営が、それぞれの思惑から南朝に帰順したりしたため、ほとんど制圧され、収束するかにみえた南朝勢力がここに至って再び息を吹き返した点が指摘される。『太平記』の表現を借りれば、「又天下三ニ分レテ、合戦息《ヤム》時非《アラ》ジト、世ノ人安キ心モ無リケリ」という有様になってしまったのである。

直義方の主力は、畠山国清・桃井直常《もものいなおつね》のほか、石塔頼房・細川顕氏《あきうじ》・吉良貞氏《きらさだうじ》らであり、今川氏の本家筋にあたる吉良氏が直義方となっていた点は注目される。

今川範国・範氏父子にしてみれば、尊氏方につくのか、直義方につくのかは死活問題であった。ここで選択を誤まれば、南北朝内乱の初期に得た駿河や遠江の守護職がふいになってしまう恐れもあったのである。既にみたように、範国は引付頭人を務めており、引付方は直義の所管であり、範国の意識の中には直義に対する親近感があったものと思われる。それと、本家筋にあたる吉良氏が直義方になっていたことも手伝い、どちらにつくか悩んだものと思われる。

範国自身は、それまでの直義とのつながりの深さから直義方に属そうとしたらしいが、結局は尊氏方となった。しかし、半分、直義に心を寄せる気持ちがあったことも手伝ってか、その後の実際の戦いには、もっぱら子の範氏が今川軍を率いる形になっていた。

観応二年（正平六年、一三五一）九月十一日の駿河の車返《くるまがえし》（現在・沼津市）の戦いを皮切りに、今川範国、範氏父子は尊氏方の有力武将として直義方に対したのである。九月二十七日には駿河の安倍川をはさんで大激戦があった。これを手越河原《てごしがわら》の戦いとよんでいるが、直義方の優勢勝ちで、そのあと、駿府は直義方の中賀野掃部助《なかかのかもんのすけ》が占領している。

十一月四日になって、尊氏が京都を発し、その情報を得た駿河の尊氏方軍兵が再び駿府の直義方に戦いを仕掛け、十一月十六日に駿府を奪還し、逐《お》われた中賀野掃部助らは久能寺に逃れていった。

尊氏率いる大軍が懸河《かけがわ》（現在・掛川）に到着したのが十一月二十六日。刻一刻、両者の直接対決の日が迫ってきた。早くも、主戦場は薩埵峠《さったとうげ》付近になるだろうと考えられた。というのは、東から西へ行くにも、西から東へ行くにも、薩埵峠は通らなければならない場所だったからである。山がすぐ海にせまり、「東海の親不知《おやしらず》」といわれる難所で、両軍ともに、そこが決戦場になることを想定して作戦を考えていたようである。

十二月十一日、薩埵峠に布陣していた今川範氏の軍勢が、由比、蒲原で直義方の将上杉能憲と戦っている。もっとも、このときの戦いは本格的なものではなく、小競《こぜ》り合《あ》いであった。そして、いよいよ十三日、尊氏が薩埵峠に到着した。ただし、尊氏の本陣が置かれたのは、峠ではなく、そこから尾根伝いに約六キロほど北に行った桜野《さくらの》というところであった。尊氏も万一のことを考えていたのであろう。

本格的な戦いがあったのは十二月二十七日・二十八日の両日である。尊氏方には、直義方から寝返ったばかりの畠山国清が加わっていた。加わっていたというよりは、寝返ったばかりで、その忠誠心を試され、先鋒を命じられたというのが実際のところだったろう。それに仁木頼章《にきよりあき》・義長《よしなが》兄弟、今川範国・範氏・貞世父子らが主力でその数およそ三千という。

一方、直義方は上杉能憲が由比・蒲原に布陣し、石塔義房・頼房父子が内房《うつぶさ》（現在・静岡県富士宮市内房）に陣を構え、激しい戦いとなった。

戦いの結末は尊氏方の完勝、直義方の完敗であった。直義は、伊豆の国府である三島で何とか態勢をたて直そうとしたがそれもかなわず、結局、伊豆の北条（現在、静岡県伊豆の国市）へ逃れ、さらに、『太平記』によれば「伊豆ノ御山」へ逃れたとしている。「御山」といっているからには、単に、「山中に逃れた」という意味ではない。おそらく伊豆山権現《いずさんごんげん》に逃れたものであろう。

なお、このあと直義は、畠山国清・仁木頼章らの説得を受けいれて尊氏に降参し、鎌倉に抑留されるが、翌観応三年二月二十六日、突然死んでしまう。『太平記』によれば、鴆毒《ちんどく》で殺されたという。

さて、薩埵峠の戦いで、今川範氏の軍功は目覚ましいものがあった。それは、今川範氏に与えられた尊氏の感状に明らかである。現在、残念ながらこの感状の原本は存在しないというか、所在がわからない。幸いなことに広島大学所蔵の「今川家古文章写」に、写しの形で伝わっている。しかも同書の記載によれば、原本は尊氏の自筆だったという。原文のまま次に掲げておく。

昨日の合戦の忠せち、ことに一人当千とおほえ候て、めてたくかんし入て候。

正平六　　　　大御所（足利尊氏）

十二月八日　　　　御判

今川上総守殿

ここで注目されるのは、尊氏が自筆でこのような感状を出していることは、極めて稀《まれ》だということである。しかも、「一人当千」という手ばなしの褒め様はあまり例をみない。なお、宛名の今川上総守も、本当は上総介でなければおかしい。写しを作る過程で誤ったものかあるいは戦いの最中であるため、尊氏自身書き間違えたのかもしれない。しかし、いずれにせよ、尊氏自身からこのような感状をもらうということは名誉なことであり、それだけ、薩埵峠の戦いにおいて、今川範氏が抜群の働きをしたことを示すものとみてよいであろう。

年号が正平六年となっているのは、この時期、尊氏が南朝方に帰順していたからで、その意味からも、この文書の正しさは証明されている。

遠江守護から駿河守護へ

尊氏から「一人当千」と激賞され、自筆の感状を与えられても、それだけでは何の実益も伴わない。ただ、名誉なだけである。そんな範氏に形のある褒美が伝達されたのは、翌観応三年(正平七、一三五二)二月二十五日のことであった。短い文書なのでそのまま引用しておく。さきの自筆感状と同じく「今川家古文章写」所収であるが、この方は尊氏自筆というわけではない。

遠江守護職事、早任二先例一、可レ被レ
致二沙汰一之状如レ件、

正平七年二月　五日　御判
今河（範氏）上総介殿
等持院殿（足利尊氏）

本文の方は、「遠江守護職の事、早く先例に任《まか》せて、沙汰致さるべきの状、くだんのごとし」と読む。ただ、「先例に任せて」というのを文字通りに受けとると、範氏が以前遠江守護になっていたことがあるように受けとられてしまう。実際は、範氏は遠江守護になったことはないので、厳密にいえばおかしいことになる。しかし、すでに述べたように、範氏の父範国が遠江守護になっているので、尊氏は今川氏の連続性ということを考え、「先例に任せて」としたのであろう。

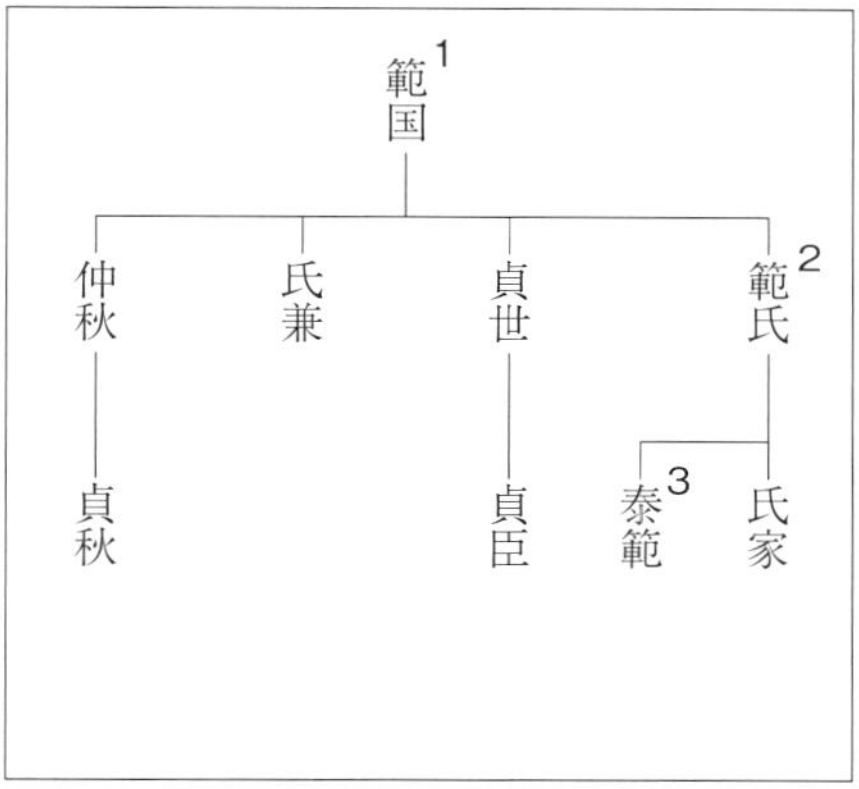

ただ、どういうわけか、範氏の遠江守護在任は短かった。今日、確かな古文書によって確認されるのは、観応三年の二月と閏二月の二ヵ月間だけである。そのあと、同年八月からは、父範国が遠江守護に返り

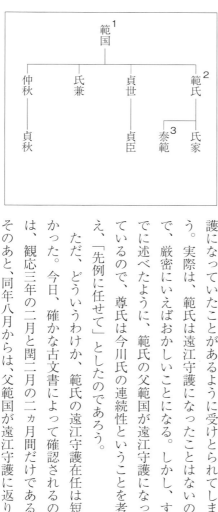

咲いていることが確実なので、いくら下げても同年八月迄で、最長に考えてもわずか八ヵ月にしかすぎない。

その理由を明確に記したものがないので、ある程度推測していくしかないわけであるが、一つ考えられるのは、範氏は合戦は得意でも、政務はあまり得意ではなかったのではない

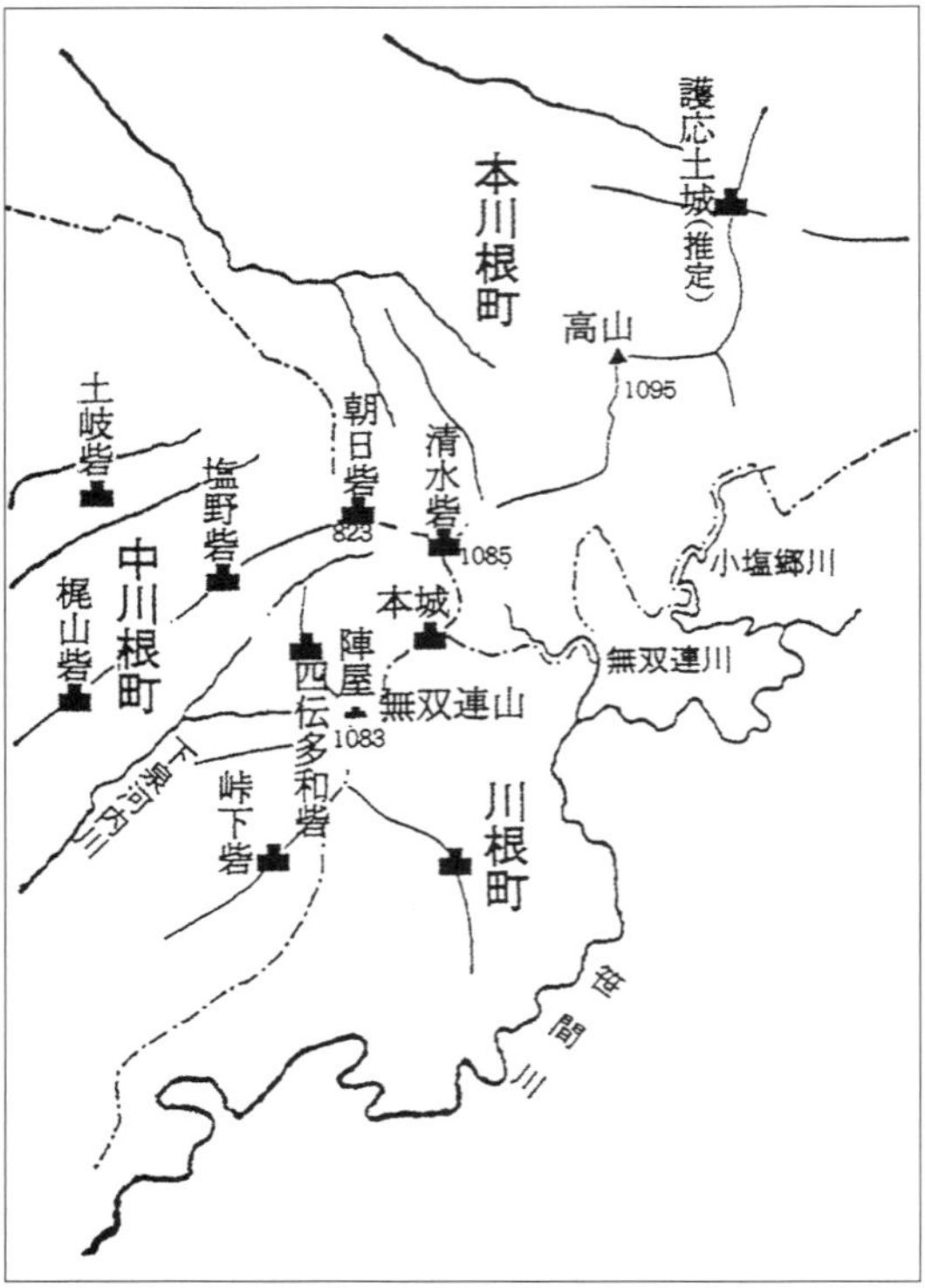

徳山城とその周辺の砦（『日本城郭大系』9による）

かという点である。幕府の引付頭人として活躍する父範国ほどには、範氏にその才能がなかったことを尊氏が見抜いていたのではなかろうか。

結局、範氏に与えられた遠江守護は父範国に与えられた。つまり、この時期、範国が、駿河・遠江両国守護を兼ね、範氏は、父範国の下で、駿河南朝の掃討に大活躍をするのである。「正平一統《しょうへいいっとう》」が破れ、尊氏を始め範国ら北朝方武将は、再び南朝と戦うことになったからであった。

翌文和《ぶんな》二年（正平八年、一三五三）二月、今川範氏は、駿河における南朝方最後の拠点というべき徳山《とくやま》城・護応土《ごおうど》城・萩多和《はぎたわ》城・四伝多和《しでたわ》砦などの総攻撃を行っている。これらの城には佐竹兵庫入道ら南朝方の武士が籠っており、範氏は二月二十五日、ついに、これらの城砦の中核である徳山城を落とすことに成功した。

前述「今川家古文章写」に、足利尊氏の感状が収められている。すなわち、

しやうあまたせめなとされて、宮とり
まいらせられ候て、いつの忠にもま
さりてかんしおほえてめてたく候、
猶々たひ〱の忠せちかんし候て候、

よろつけさんのおり、おほせられへく候、
文和（三）　大御所（足利尊氏）
三月六日　　　御判
今川上総守殿

というもので、年号は文和三年になっている。しかし、これは文和二年の間違いではなかろうか。というのは、文中にみえる「しやう」は城であり、「城数多攻めなどされて…」という表現は、徳山城を始めかなりの城を攻め落した文和二年のできごとと一致する。

しかも、感状というのは、ふつう、戦功があった直後に出されるもので、一年以上もたってこのような感状が出されるはずはなく、また、翌文和三年の正月、二月に、このような感状が出される戦いもなかった。つまり、この感状は、尊氏から範氏に対し、駿河南朝掃討作戦の成功に対するものだったことが確実となる。

そうなると、つぎの文書が生きてくる。これも「今川家古文章写」所収文書である。

駿河国々務職并守護職之事、
任㆓先例㆒可㆑致㆓沙汰㆒之状如㆑件、

文和二年八月十一日　等持院殿（足利尊氏）

今川上総介殿

要するに、駿河南朝掃討の賞としてさきの三月六日付の感状が出され、実際の褒美として駿河守護に任じられることになったわけである。

これで、前年、遠江守護が父範国にとって代わられた後しばらく〝無冠〟状態だった範氏が駿河守護に落ち着いたことになる。

範氏とその子氏家の死

『今川記』は、文和二年（正平八年、一三五三）五月十九日、範氏が死んだとしている。『寛政《かんせい》重《ちょう》修《しゅう》諸家譜《しょかふ》』の今川系譜もその説を採っている。しかし、その年の八月十一日付で、足利尊氏から範氏に宛てた駿河の守護の補任状《ぶにんじょう》が出ている以上、文和二年五月十九日死没説は成り立たない。では範氏の死はいつのことなのだろうか。

一つの説として、貞治元年（一三六二）十二月七日、五十歳で没したとするものがある。『駿国雑誌』にみえるもので、何を典拠にしたものか不明である。ただ、「円覚寺文書」に、貞治二年二月十六日付の由比左衛門尉宛の遵行状《じゅんぎょうじょう》があるので、貞治元年に死んでいたはずはなく、この説も成り立たない。となると、『今川家略記』・「慶寿寺《けいじゅじ》過去帳」にみえる貞治四年（一三六五）四月晦日、五十歳で没したというのが一番可能性は高いように思われる。「人間五十年」などとうたわれた時代であり、五十歳で没したというのは、ある意味では天寿を全うしたといってもよい年齢である。父範国より先に死んだことが、何となく「早世」というイメージを与えることになってしまったものであろう。法名は慶寿寺殿雲峰信慶大禅定門といい、島田の慶寿寺が菩提寺である。

範氏には二人の男子がいた。長男が氏家《うじいえ》で、次男がのちの泰範《やすのり》である。氏家・泰範とも幼名は不明であるが、どうしたわけか範氏は、弟の方を鎌倉の建長寺に入れている。禅寺で食事のことを大声で知らせる役の喝食《かつじき》だったといわれているところをみると、幼くして寺に入れられたものと思われる。範国の兄大喜法忻が建長寺の住持になったこともあり、今川一門からまた高僧を出す考えだったのかもしれないし、「一子出家すれば九族天に生ず」などといった考え方によったものかもしれない。

いずれにせよ、二人の兄弟のうち、兄は武将としての道を歩み、弟は高僧になるべく教育されたのである。氏家は将軍から中務大輔という官途を与えられ、周囲からは「三代目」として期待されていた。中務大輔という官途は、父範氏も若いときに与えられていたからである。

前述したように、貞治四年四月晦日に範氏が死んだあと、ふつうならば、そのまま子の氏家が相続し、今川氏三代目の家督を継ぐところである。ところが、家督継承をめぐって若干の混乱があったらしい。氏家が病弱だったと考えられることと、範氏亡きあと、今川家の実権を握っていた範国が、範氏の弟貞世に家督を譲ろうと考えていたらしいからである。

この間のいきさつを記した史料がないので断定は控えなければならないが、家督を病弱な氏家に継がせるか、貞世に継がせるかでひと悶着おこった可能性はある。二代将軍足利義詮《よしあきら》からの今川氏家宛の駿河守護職補任状が範氏の死後六ヵ月たってようやく出されたのはその何よりの証拠である。

この駿河守護職補任状によって、氏家が駿河守護になったのは確実である。しかし、守護として在職していたことが確実なのは貞治六年（一三六七）四月までで、いつ死んだのかもわからない。この後、氏家の弟が還俗して泰範と名乗り、駿河支配に乗り出すことになるが、泰範の最初の発給文書が応安二年（一三六九）五月二十八日付なので、氏家は貞治六年四月から同六年五月二十八日までの間に死んでいる。

しかも、注目されるのは、この時期、氏家には祖父にあたる範国がまだ健在だったことである。範国は遠江守護であり、範氏死後、今川氏の家督は範国だったと捉えるのが自然であろう。「今川十代」という場合、氏家を三代目に数えないのはそのためである。

（3）九州探題今川貞世の栄光と没落

貞世の生まれは見付城か

今川氏初代範国の次男で、二代範氏の弟にあたる貞世は、出家したあとの法名了俊の名で知られている。各種人名事典の類でも、貞世で立項しているもの、了俊で立項しているもの、量的にはほぼ拮抗している。ここでは、貞世で記述しておく。

従来、貞世の生年は正中二年（一三二五）とするのが通説だった。しかし、最近の研究によって、嘉暦《かりゃく》元年（一三二六）の生まれと訂正されている。ただ、どこで生まれたかということになるとよくわからない。『寛政重修諸家譜』所収の今川系譜によると、見付城で生まれたとしているが、嘉暦元年の時点では、範国はまだ見付城を本拠にしていないので、怪しくなる。しかし、幼年時代、少年時代を見付城ですごしたことは確かである。

というのは、遠江の守護所《しゅごしょ》がほかならぬ見付城だったからである。これまで、守護今川範国の守護所、すなわち見付城について全く説明をしてこなかったので、ここで取り扱うことにしたい。

南北朝・室町期においても、守護所はたいてい国府に置かれた。遠江の国府は見付にあったので、守護所も見付に置かれたことは確実である。そこまではよいとして、それから先

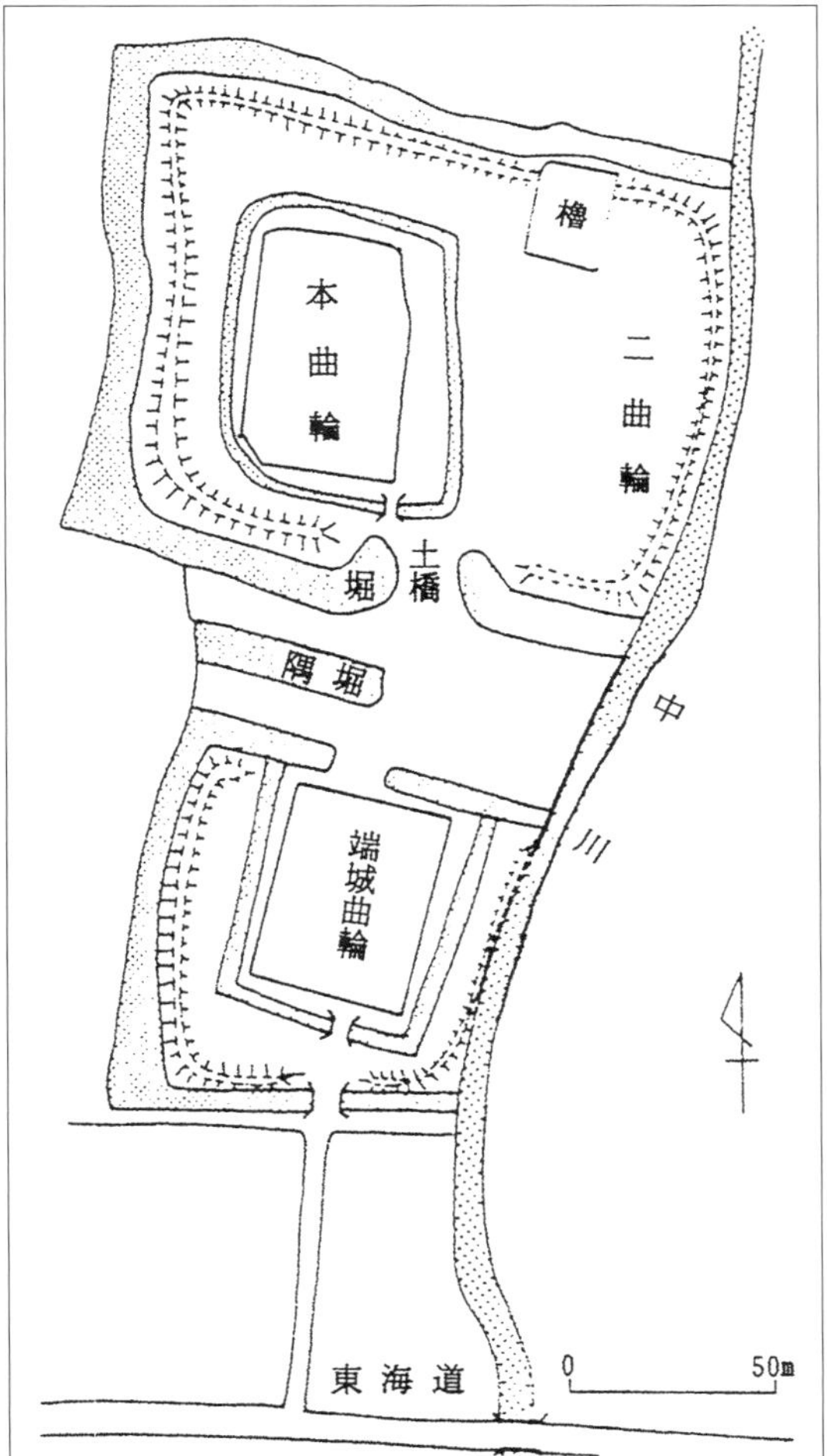

見付城と見付端城（『磐田市史』通史編上巻による）

が実は問題だった。具体的に、見付のどこに守護所があったかである。

例えば、これまで、県下の城についての通説的位置を占めるものとして定評がある『日本城郭大系』第九巻静岡・愛知・岐阜の「見付端城」のところをみると、今川範国が本拠とした場所について、「かつて国府が置かれ遠江の中心地である見付を根拠地に選んだことはほぼ疑う余地がない。しかし、具体的な地点になると、国府として栄えたことから各時代の史跡が錯綜・重複し、杳《よう》としてわからない」と匙《さじ》を投げた格好である。

ところが、その後、見付端城遺跡の発掘調査が進むにつれ、かなりのことがわかってきた。発掘調査の成果などを盛りこんだ研究の結果、従来、文献にみえる見付端城というのは、見付城の端城、つまり、出丸のようなものと考えられるようになった。『磐田市史』通史編上巻では、「元々遠江の守護所であったところが城塞化し、〝遠府城〟とか〝府中城〟と呼ばれた」とし、現在の見付公民館から磐田北小学校にかけての位置が城域だったとし、前ページに掲げるような推定図を作成している。従うべき意見であろう。

侍所頭人と山城守護を兼ねる

すでに述べたように、十二、三歳のころ、祖母の香雲院《こううんいん》から和歌の手ほどきを受けている。後年、歌人として有名になる素地は、このようにして形作られたものであろう。

確かな史料に貞世の名がみえるようになるのは、康永三年（一三四四）からで、中原師守《なかはらもろもり》の日記である『師守記』の同年五月十七日条に、「今河六郎貞世」と記されているのが初見である。この年、貞世は十九歳。すでに元服して名乗りを貞世といっていたことはわかるが、仮名の六郎のままであるところをみると、まだ任官していなかったのだろう。

任官の点で史料的にはっきりしているのは洞院公賢《とういんきんかた》の日記『園太暦《えんたいりゃく》』で、同年、すなわち康永三年七月三十日条によって、貞世が左京亮に任じられたことがわかる。ちなみに、官途受領《かんとずりょう》名として、古文書には伊予守、系図家譜類には左京大夫がみえる。中原師守や洞院公賢といった京都の公家の日記に貞世の動静が記されているということは、貞世がそのころ京都で生活していたことを物語っている。

なお、名乗りの点では、一時期、直氏《なおうじ》と名乗ったことが最近明らかにされ、また貞世に戻っている。そして、貞治六年（一三六七）十二月、将軍義詮の死をきっかけに剃髪出家し、了俊と号することになったのである。

今川貞世、すなわち了俊といえば、すぐ、九州探題という役職名が頭に浮かぶ。貞世と九州探題とは切っても切れない関係にある。そのようなことから、貞世は、最初から九州探題に抜擢されたと思っている人が多いようである。しかし、いくら幕府でも、能力がどの程度あるかわからない状態で大抜擢するなどということはありえない。貞世は、九州探題に抜擢される以前、幕府の要職についており、すでに、その能力は実証されていたのである。

幕府の要職の一つは侍所《さむらいどころ》の頭人である。侍所というのは、御家人の統制が主たる任務で、京都の治安維持にもあたった。そのため、山城守護を兼ねることも多く、事実、貞世も山城守護を兼ねていた。

貞世は、それだけでなく、父範国も就任した引付頭人も兼ねた。ちょうど幕府に人材が不足していたというのも理由だったのかもしれないが、一人で侍所頭人、引付頭人、山城守護を兼ねるというのは稀なケースである。それだけ、貞世の力量がすぐれていた証拠であろう。

九州探題として大活躍

二代将軍義詮の死後、将軍は三代義満となったが、まだ若かったので、幕政の実権は執事《しつじ》の細川頼之《ほそかわよりゆき》が握っていた。そして注目されるのは、貞世がこの細川頼之の絶大の信頼を得ていた点である。

そのころ、九州探題は渋川義行《しぶかわよしゆき》が務めていた。しかし、渋川義行の力では九州における南朝掃討作戦が思うように進まなかったのである。執事細川頼之は、侍所頭人、引付頭人として抜群の力量を発揮している今川貞世に白羽の矢をたて、義満に、貞世が九州探題として適任であることを推薦している。

貞世が九州探題に任じられたのは応安三年（一三七〇）九月のことであった。貞世は直前まで務めていた引付頭人を辞し、いったん本国の遠江にもどり、九州へ下向するための準備にかかっている。

すでに、南朝勢力は全国的には衰退していた。しかし、九州は例外で、懐良《かねよし》親王を頂点とし、それを支える菊池氏らの勢力が強く、極論すれば、幕府の九州探題は名ばかりといった状況であった。それを打開するため貞世が抜擢されたわけで、相当な軍事力が必要であり、おそらく、遠江そして駿河の武士のかなりが貞世に従軍して九州に赴いたのであろう。『今川家譜』に、「合戦ニ相伴フ侍、遠江・駿河ノ人々、横地・勝間田・奥山・井伊・笹瀬・早田・河井」とみえるが、ここにみえる武士名はほんの一部だったものと考えられる。

実際に貞世が九州に下向していったのは翌応安四年（一三七一）二月のことであった。貞世は弟の氏兼《うじかね》・仲秋《なかあき》、子の貞臣《さだおみ》・満範《みつのり》らをともなって九州入りし、大宰府《だざいふ》を本拠に、九州南朝勢力の掃討の戦いを開始している。すでに応安七年（一三七四）には菊池氏が降服し、大きな戦果をあげており、貞世は国ごとの支配体制を作りあげ、日向は氏兼、肥前は仲秋、豊後は貞臣、薩摩、大隅は満範というように分担支配を進めているのである。

　結局、貞世は、応安三年（一三七〇）、四十五歳で九州探題になってから、応永二年（一三九五）八月に解任されるまで、実に二十五年もの長きにわたって九州探題の要職にあった。解任されたときは七十歳である。四十五歳から七十歳までということで、貞世にとっては、九州探題が生活のすべてであったとの印象をうける。

駿河半国・遠江半国の守護に

　では、貞世が、九州探題を罷免《ひめん》されたのはどうしてなのだろうか。確かに、七十歳という高齢が一つの要因だったことは考えられる。しかし、貞世はその後、二十年余生きるわけで、高齢ということだけが理由だったとは思えない。

　一つ考えられることは、幕府内の情勢変化である。貞世が九州探題在任中の康暦《こうりゃく》元年（一三七九）閏四月、管領細川頼之が失脚し、管領が斯波義将《しばよしまさ》に代わった。康暦の政変などともよばれている事件である。

　すでにみたように、貞世は細川頼之の推薦によって九州探題になったいきさつがある。その後ろ楯ともいうべき細川頼之が失脚したわけなので、貞世もそれに連座する危険性はあった。

　しかし、その時点では、九州探題として赫赫《かくかく》たる成果をあげている貞世を解任することはできなかったのであろう。そして、六年がすぎた。

おそらく、決定的だったのは、将軍義満の意向だったのだろう。義満は、将軍権力の確立を考えていた。つまり、有力守護の力を殺《そ》ぎ、将軍権力絶対化の体制を固めようとしていたのである。その義満の目に、九州探題として二十五年間も在職し、しかも安芸・筑後、豊前・肥前・大隅・薩摩・壱岐などの何ヵ国もの守護を兼ねる貞世の存在が、次第に目障りなものとして映るようになったのではないかと考えられる。目障りというだけでなく、警戒の念を抱くようになったのではなかろうか。一説には、大内義弘《おおうちよしひろ》の讒言《ざんげん》が直接の引き金になったともいわれている。

九州探題を罷免されたあと、貞世に与えられたのは、わずかに、駿河半国の守護職と、遠江半国の守護職であった。しかも、この二ヵ国とも、やや異様な与えられ方であった。というのは、駿河守護には今川泰範がなっており、泰範から半分取り上げ、それを貞世に与える形であり、遠江の方も、仲秋が守護だったのを半分取り上げ、それが貞世に与えられたからである。

駿河の場合、ちょうどその年、鶴岡八幡宮や円覚寺領の駿河国内にあった荘園が押領されるということがあり、それを守護泰範の失態として半国没収し、それが貞世に与えられるという形をとったため、泰範が貞世のことを恨む結果になってしまったのである。

貞世にしてみれば、これは実に迷惑なことであった。貞世の著した『難太平記』においても、このあたりのことはかなり詳細に書かれている。考えてみれば、貞世の怒りももっともである。というのは、範氏のあとを継いだ氏家が死んだとき、氏家は貞世の子貞臣に駿河国の守護職を譲る意向だったのを、氏家の弟を還俗させて家督を継がせたいきさつがあったからである。「恩を仇で返された」との思いがあったのかもしれない。

七十歳という高齢でありながら、やはり九州探題という要職、九州諸国の守護を兼ねていた栄光のときに比べれば、駿河半国、遠江半国の守護というのは、左遷以外の何物でもない。次第に幕府・義満に対する不満の気持ちがふくらんでいったものと考えられる。そして、同じように不満をもつ者同士の連帯が生まれていったのである。一人は周防の大内義弘、一人は鎌倉《かまくら》公方《くぼう》足利満兼《みつかね》であった。

応永六年（一三九九）十一月、大内義弘が和泉の堺で挙兵した。いわゆる応永の乱である。このとき、貞世自身は挙兵しなかったが、大内義弘と通じていたため、将軍義満によって誅伐されそうになった。

そのとき、貞世の助命嘆願に動いたのが、貞世を恨み、対立していた泰範であった。『今川記』に、「・・・・・忽に可レ致二誅伐一よし、鎌倉へ被二仰付一しを、甥の泰範は日比争論事有り、了俊とは不快にて有しかとも、かかる事は肉親の恨なり、此時いかてこらうへきとて、身命をなけうち、頻に御訴訟申、了俊父子、其身安穏にて漸々遠州堀越・川合・中村を懸命地に安堵し、此処にて閑居有り」と述べられている。

この後、貞世は亡くなるまで遠江の堀越（現在・袋井市）に居住するわけであるが、以後、政治的な関係から全く離れ、歌論および述作の世界に入りこんでいく。

文芸に名を残した貞世

今川貞世といえば、江戸時代、寺子屋などにおける児童用教科書・教訓書として普及した『今川状』の著者として知られている。これは、貞世が応永十九年（一四一二）、弟仲秋に書き与えたものといわれ、『今川壁書』などともいわれている。全文二十三ヵ条からなり、大名としての政治・生活・教養心得などを説いたものである。

また、故実書として著名な『今川大双紙』も貞世の著作である。これは、弓法、鷹の式、衣類、馬のことなど、武士の作法について書いたもので、武士たちの間ではかなり書写され、読まれていたようである。『太平記』にまちがいが多いことから、その誤りを正すことから書いた『難太平記』は、北朝側からみた南北朝時代史としても知られている。

しかし、貞世自身が一番力を入れたのは、何といっても歌論書の述作であった。貞世は先にみたように、祖母の香雲院から和歌の手ほどきをうけたが、のち、冷泉為秀《れいぜいためひで》の門に入り、本格的な和歌を学んでおり、隠棲後はさらに歌道に精進している。歌論書として、『和歌所へ不審条々』『了俊一子伝』『落書露顕《らくしょろけん》』『師説自見集《しせつじけんしゅう》』などが知られており、連歌の世界にも名を残している。たとえば、貞世の問に二条良基《にじょうよしもと》が答えるという形をとる『九州問答』は、数ある連歌論書の中で屈指の名著といわれているほどである。

なお、没年は、『今川記』には「応永二十七年八月廿八日、九十六歳にて終りけり。海蔵寺殿徳翁了俊大居士是なり」とみえ、応永二十七年（一四二〇）説を採っているが、川添昭二氏は『今川了俊』の中で、応永二十五年（一四一八）七月に書かれた正徹の『なぐさめ草』という本に、「故伊予入道了俊在世の時」とみえることを紹介し、少なくとも応永二十五年七月以前には没していたとする見解を示している。従うべきであろう。

最後に、貞世の子孫についてふれておきたい。本家というか嫡流家の今川氏は、三代泰範、四代範政と、十代の氏真まで、守護大名、そして途中から戦国大名として存続するが、貞世の系統を特に遠江今川氏とよび、別系で考えるのがふつうである。

同じ幹から枝分かれしながら、一方は戦国大名へと成長発展し、一方は、遠江のごく限られた地域の在地領主として終わっているわけで、その落差の大きさにあらためて驚かされてしまう。とりわけ、貞世が九州探題、しかも数ヵ国の守護を兼ね、一時期をとってみれば、本家より大勢力になっていただけに、その逆転現象がよけいに大きくみえるのかもしれない。

貞世のあとの遠江今川氏の略系図を作ると次のようになる。

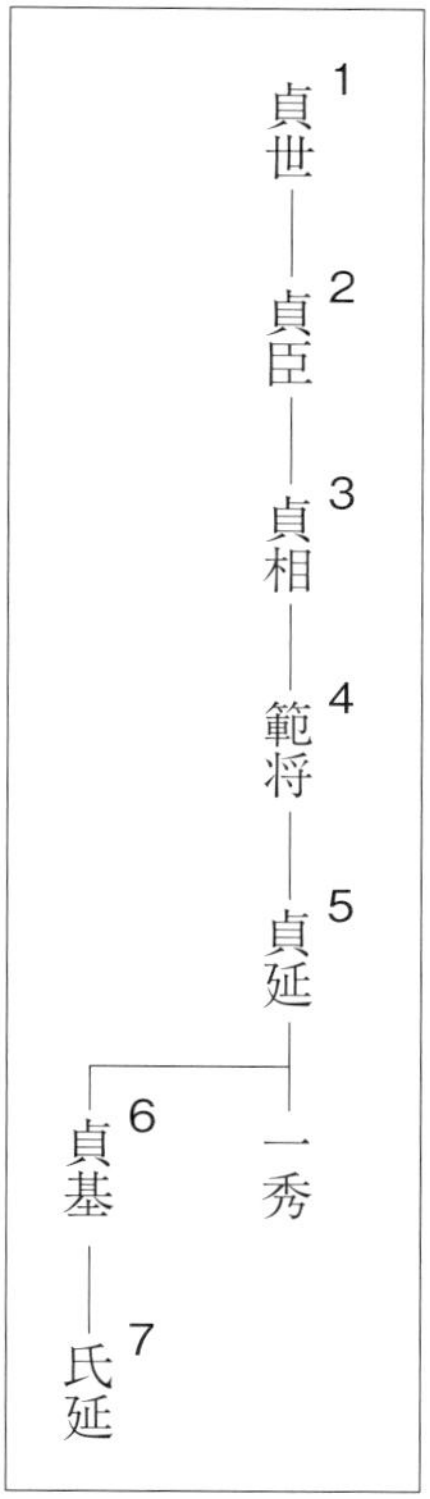

二代目の貞臣は義範と名乗ったこともあり、父貞世とともに九州で活躍した経歴をもっている。

ところで、この四代目の範将のころから遠江今川氏は今川を名乗らず、土地の名をとって堀越を称するようになる。堀越氏の誕生というわけである。

これは、本家今川氏が範忠のとき、永享十年（一四三八）から翌十一年にかけておきた永享の乱鎮定に功があり、将軍義教から軍功の賞として「惣領一人一名の御免許」をもらったからだといわれている。要するに、「今川という苗字は惣領家だけが名乗れる」というわけで、分家筋にあたる遠江今川氏も今川を名乗れなくなり、住んでいた土地の名を苗字にしたというわけである。それが時代としては四代目の範将のころに該当する。

＊小和田哲男監修『今川時代とその文化』一九九四年六月
公益財団法人静岡県文化財団

第二章　戦国期の今川氏

（1）戦国期の今川氏

室町期の今川氏は、どちらかというと鳴かず飛ばずというか、特筆すべき人物は出ていない。おとなしい人物ばかりが出たのではないかと思う。もしこの時期に、たとえば細川勝元クラスの人物が出ていれば、もっと発展していたのではなかろうか。

今川氏発祥地の碑（愛知県西尾市）

範国の時代、南北朝期には遠江と駿河の守護を兼ねていたが、室町期になると、あまり働きが良くなかったので、遠江の守護職は取り上げられてしまう。遠江の守護には、同じく足利一門の斯波《しば》氏が任じられる。今川氏は駿河一国の守護を何とか確保するという状態であった。

応仁・文明の乱で活躍した今川義忠

今川氏は、前述の今川範国を初代とする六代目に当たる今川義忠《よしただ》のときに再び脚光を浴びることになる。応仁・文明の乱の真っ最中に、今川義忠は千人の兵を率いて上洛し、東

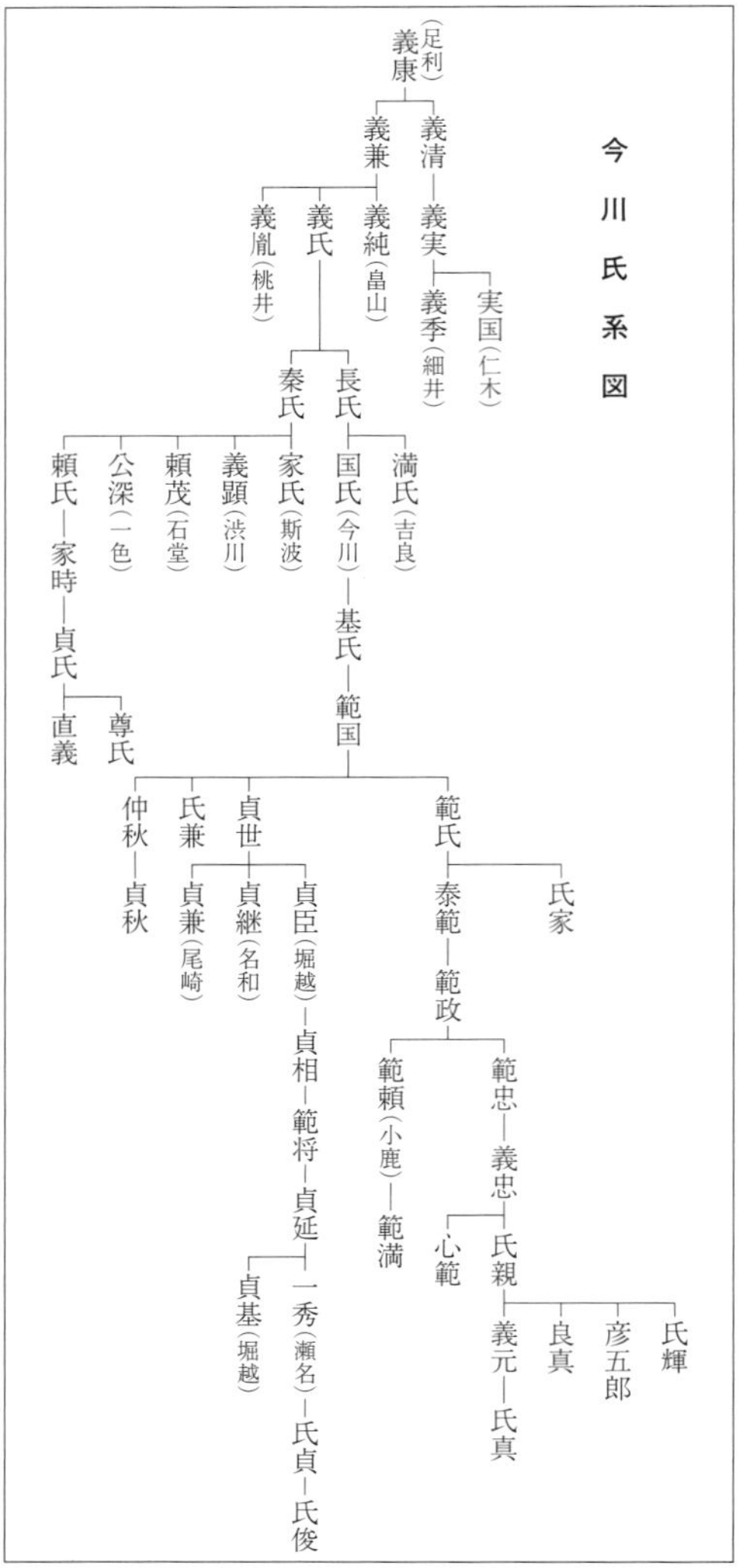

今川氏系図

軍の細川勝元側に入る。西軍の総帥は、山名宗全であり、京都を舞台に応仁・文明の乱が戦われる。

ある程度、京都での戦いが収まったとき、義忠は東軍大将の細川勝元から、駿河に帰って西軍の斯波氏の遠江を攻略するようにという命令を受けて帰国する。そして、駿河の兵を総動員して遠江に攻め込むのである。

牧之原市に勝間田城という山城があるが、その勝間田城に攻め込み、斯波氏の家来であった勝間田氏を滅ぼした。このときの勝間田氏の残党が、御殿場市や小山町、裾野市あたりに逃げ込み、根を下ろしたので、現在、御殿場市周辺には勝間田姓が多いのはそのためである。

義忠が討ち死にした塩買坂

次に、今川義忠は近くの横地城（菊川市）の横地氏という斯波氏の家来も滅ぼした。遠江東部の有力な武士であった勝間田氏と横地氏を滅ぼしたので、義忠はとりあえず兵を駿府に戻し、兵を休めてから、再び中遠、西遠を攻略しようという段取りで駿府に帰ろうとするが、その途中、塩買坂のあたりで、勝間田氏と横地氏の残党に不意を襲われ、殺されてしまうのである。

義忠の死で家督争いが勃発

義忠の跡取り息子の龍王丸《たつおう》は、その時わずか六歳だったので家中は困り果てた。最近、四歳だったという説が浮上している。家臣の中には、六歳でも周りの者がしっかり補佐すればやっていけると判断する派と、六歳では、この荒れ狂っている世の中を乗り切ることは難しい、今川一門の中からしかるべき人物を跡取りに据えた方がいいという意見を吐く派も出てきた。

それで、今川家中がもめていたところ「これはいいチャンスだ」と関東から兵を繰り込んできたのが太田道灌である。静岡市葵区のお浅間《せんげん》さん（浅間神社）のすぐ東側にかつて喜久屋という料亭があり、そこに太田道灌の庭があった。それを見て、静岡になぜ太田道灌の庭があるのか疑問に思う人が多いが、このとき太田道灌が駿府に来たのである。喜久屋の庭を造ったかどうかは定かではないが、お浅間さんのところに今川家の家臣たちと話し合ったという史料がある。

今川家の家督争いに、外部勢力の横槍が入りそうになって、焦り始めたのが龍王丸の母親の弟、つまり今川義忠夫人の弟であった北条早雲（伊勢新九郎）である。

北条早雲が調停役として登場

北条早雲というと、司馬遼太郎氏の『箱根の坂』や早乙女貢氏の『新九郎はいま』などの歴史小説が念頭に浮かぶ。早雲は、歴史小説では伊勢の素浪人となっているケースが多い。司馬遼太郎氏の作品では、単なる浪人ではなく伊勢に落ち着いて鞍作りをしていたと書いてあるが、いずれにしてもまともな武士ではないという設定である。

しかし北条早雲はかなりの名門の出である。室町幕府には、政所という今の財務省に相当する役所があった。政所の執事というと財務大臣にあたるが、この政所の執事は伊勢氏が代々世襲しており、北条早雲はその一族であった。

今川義忠が応仁・文明の乱において、細川勝元の命を受けて、千人の兵を率いて上洛した時、京都で伊勢氏の娘とどこかで出会う機会があった。どういう出会いがあったのかわからないが、今川義忠は京都で妻を見つけて、駿府に連れて帰った。この女性は、駿府に住むようになってから北川殿と呼ばれた。そして産まれた子供が龍王丸である。この北川殿の弟が意外や意外、北条早雲であったのである。

この頃、北条早雲は駿河に来ていたが、今川家中は龍王丸を推すグループと、今川一族の小鹿新五郎範満を推すグループとが対立し、龍王丸派と小鹿新五郎範満派とが戦いを始めてしまった。

こうした内紛を介入のチャンスと見た太田道灌が乗り込んで来たわけである。このままではいけないと、北条早雲が間に入って折衷案を出す。すなわち、両派に分かれて戦っていたのでは、下手をすれば太田道灌に乗っ取られてしまい、今川家はつぶれてしまう。したがって、六歳の龍王丸が成人するまで、小鹿新五郎範満を家督代行の座に据え、龍王丸が成人したら、直系として家督を継ぐということで調停した。

今川家中の話し合いがついたので、太田道灌はしかたなく江戸へ帰る。しばらくはそういう体制で推移するが、当時、元服の目安は十五歳である。秀吉の子の秀頼のように四歳で元服している例もあるが、これなどは特異なケースで十五歳くらいが元服の目安である。

九年たって龍王丸が十五歳になった時、「そろそろ家督を返してもらえませんか」と龍王丸を盛り立てたグループは小鹿新五郎に打診するが、おいそれと簡単に譲り渡そうとしない。十五、十六、十七歳まで待ったが、これ以上待っても家督を返してくれる可能性はないと見た北条早雲は、急遽、手兵を集め、今川館に夜討ちをかけて、小鹿新五郎範満の首を取ってしまった。

今川氏の兵を借りて成り上がった北条早雲

龍王丸はようやく十七歳にして北条早雲の働きで今川家の跡取りになることができた。その直後に、龍王丸は北条早雲に対して、駿東郡の方を治めてもらえないかと頼んだのである。

今川氏は駿河の守護大名と言っても、富士川より東側は手薄であり、その支配力は及びにくかった。昔、富士川の東は河東《かとう》、高草山の西の方を山西《やまにし》と言った。駿河一国でも、中心部と河東、山西に大きく分かれていたと考えていい。

龍王丸は、富士川以東が手薄だからと、叔父にあたる北条早雲に興国寺城（沼津市）を与えたのである。ＪＲの原駅から真北へ約四㎞ほど行った愛鷹山《あしたかやま》の麓にその城址がある。この山の一番高い所から見ると、伊豆半島は指呼の間にある。北条早雲は、毎日そこから伊豆半島を眺め、伊豆の情報を入手していた。伝説では早雲自身、湯治客のふりをして修善寺温泉に行き、いろいろ情報を仕入れたという。

早雲は興国寺城に立ち、伊豆半島を眺めているうちに、何とか伊豆半島がとれるのではないかという思いが膨らんでくる。とうとう、そのチャンスがやってきた。

当時、伊豆には八代将軍足利義政の庶兄、足利政知《まさとも》が現在の伊豆の国市の堀越《ほりごえ》にいた。堀越御所とか、堀越公方《くぼう》と呼ばれていたが、この足利政知が延徳三年（一四九一）に亡くな

氏親（龍王丸）による東光寺領安堵状

り、後を継いだ息子の茶々丸が、悪政を敷き、人心が離れていた。そういう情報を興国寺城でキャッチした北条早雲が、わずかな兵で堀越御所を奇襲し、茶々丸を討った。これによって北条早雲は伊豆に乗り込んで行き、今川家の客分から伊豆一国の戦国大名にのし上がっていくのである。

そして、伊豆だけでは物足りず、小田原城を攻め、三浦半島まで制圧し、相模一国も完全に支配する。早雲は一代で伊豆、相模の戦国大名にのし上がった下剋上の典型例のように言われているが、実は今川の兵を借りて成り上がったのである。

北条早雲の助力で家督を継いだ今川氏親

話を本筋に戻すと、北条早雲の助力で今川家の家督についた龍王丸は七代目に当たり、氏親と名乗る。この氏親の時代に、比較的京都との交流が盛んになる。

中御門家の場合は、娘が今川氏親に嫁いだため、一族は結構、駿府に遊びにきている。この場合、単に遊びにくるというだけではなく、生活の糧を得るためでもあった。ある程度、裕福になると京都に戻り、また財政が逼迫してくると駿府にやってくるという行き来が始終あったのである。

雪斎と義元が修行した善得寺址

その他にもいろいろな公家が駿府を訪れている。有名な蹴鞠《けまり》、和歌、連歌の名手であった冷泉為和《れいぜいためかず》なども今川を頼ってきている。冷泉家は藤原定家の子孫で、和歌の名門中の名門である。

このように戦国期の今川氏は氏親の代に急速に力を付けるが、そのバックには北条早雲の力があったのである。今川氏親は、単独では戦国大名にはなれなかった。北条早雲が、軍勢を率いて遠江を奪還し、三河に攻め込んでいるからである。したがって、戦国期の今川氏を語る場合、北条早雲抜きには語り得ないと思う。

軍師・雪斎

今川義元の軍師として知られる雪斎という僧侶がいる。早雲にしても雪斎にしても臨済宗のお寺で修行しており、このへんが戦国を語る場合、重要だと思う。たとえば、早雲は建仁寺でかなり長い間修行しており、早雲と机を並べて修行をした兄弟弟子はかなりの高僧になっているという史実が残っている。早雲がもし武士の道を選ばず、そのまま寺に残っていれば、禅宗を代表する高僧知識になっていた可能性はある。

禅宗の世界は、よく五山文学という言い方をされる。これは今風の文学とは違い、いわゆる漢文学である。お寺に入って修行するというのは、ただお経を覚えるというだけではなく、中国の古典籍を縦横無尽に読みこなせるということである。そして、戦国時代に珍重された孫子、呉子、尉繚子《うつりょうし》、六韜《りくとう》、三略などの兵法書は全部漢文で書かれており、それをスラスラと読むことは当時の戦国大名にはできないことであった。

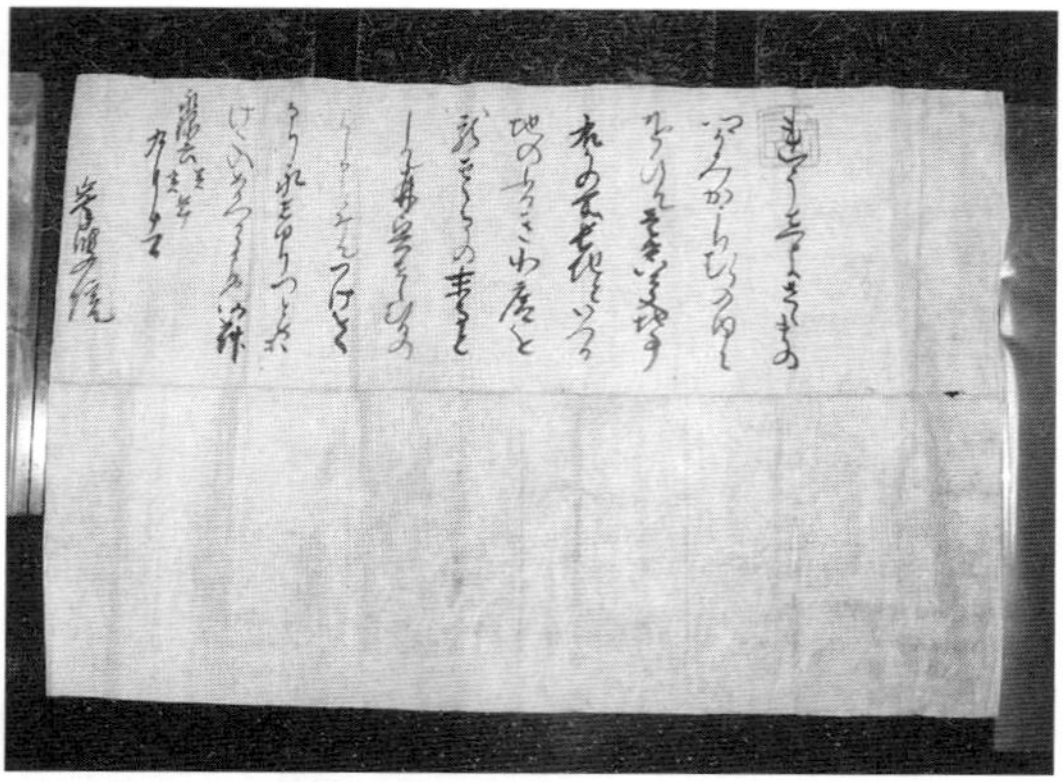
寿桂尼による峯叟院への朱印状

そういう漢籍が読める人間が側にいて、常にアドバイスすることが必要で、これが一種の補佐役、軍師ということになる。今川氏親の軍師が北条早雲、義元の軍師が雪斎だったと思う。北条早雲は自らも戦国大名だったが、恩のある今川家のためには、軍師としての立場を貫き通したと思われる。

（2）今川氏の黄金時代

独自の法律「今川仮名目録」

氏親の時代に、今川の領国は駿河、遠江、そして三河の一部にまで広がる。三河は完全ではないので除くが、駿河、遠江の二ヵ国の戦国大名にのし上がるのである。

氏親が亡くなる直前に、有名な「今川仮名目録」―分国法あるいは戦国家法という言い方もするが―自分の国だけに通用する法律を作った。当時、室町幕府が決めた全国に共通する室町幕府法は「建武式目」であったが、それとは別に自分の領国だけに適用される法律を作ったのである。

甲斐の武田信玄も「甲州法度《はっと》之次第」、あるいは「信玄家法」ともよばれるものを作っているが、あれは「今川仮名目録」の模倣である。両方の条文を並べて見ると、そっくりである。すべて模倣というわけではないが、武田信玄は今川仮名目録を見て、いいところはそのまま真似している。その意味で、今川氏が近隣の大名らに与えた影響は決して少なくない。

政治の実権を握っていた寿桂尼

氏親の妻は寿桂尼という中御門家から嫁いできた女性だが、この人が凄かった。戦国時代は、女性はいわゆる奥に閉じこもってしまうが、この寿桂尼は違っていた。凄くならざるを得なかったという側面もある。子供が生まれるのが遅かった関係で、氏親が亡くなったとき、跡継ぎの氏輝《うじてる》はわずか十四歳であった。このため、母親の寿桂尼がある程度表に出てくる。従来は、単なる補佐役という認識だったが、最近、そうではなかったという評価がなされている。

氏輝が十四歳で跡を継いだ直後の二年間は、一通も命令書を出していないが、その代わりに寿桂尼が命令書を出している。ということは、極端な言い方をすると家督は確かに子供の氏輝が継いだが、実際に政治の実権を握ったのは母親の寿桂尼ではなかったのかということである。

この時代、腰元たちに鉄砲の訓練をさせて鉄砲隊を組織したとか、あるいは『源平盛衰記』の巴御前のように、鎧を着て実際に戦ったという女性もいるが、それはあくまで軍事的な面だけであって、政治の第一線で活躍した女性というのは比較的珍しい。寿桂尼はその一人だと理解していいと思う。

「花蔵の乱」が繰り広げられた花倉城址

五男の今川義元が戦国大名に

ところが、家督を継いだ氏輝が二十四歳で死んでしまう。しかし、これが不可解である。不思議なのは父親の氏親には少なくとも六人の男の子供がいたが、長男の氏輝と名前が伝わっていない次男が、天文五年（一五三六）三月十七日に二人とも死んでいる。これは単なる病死とは思えない。今川家の中で何か陰謀があったとしか考えられない。そして長男、次男が死んだ後、お寺に入っていた三男と五男が家督相続を巡って争うことになる。

四男はどういうわけか争いには加わらなかった。

この人は鑑真和上で有名な奈良の唐招提寺などの住職を歴任し、律宗の最高峰になっており、僧侶として生きるという意志を貫いている。

残った三男の玄広恵探《げんこうえたん》と五男の梅岳承芳《せんがくしょうほう》が、家督争いをした。このとき戦いがあったのは、藤枝市の花倉という所で、花蔵《はなぐら》の乱というが、結局、五男の梅岳承芳が勝つ。この梅岳承芳の教育係をしていたのが雪斎であった。雪斎がいろいろとお膳立てをして、自分が教育をした梅岳承芳に今川の家督を継がせたいという思いが、事件の背景にあったのではないかと思われる。

この梅岳承芳が還俗《げんぞく》し、今川義元と名乗る。これが今川家の九代目である。八代目を継いだ長男の氏輝が早く死んでしまったため、その弟の義元が九代目を継いだのである。この義元のときに今川氏の黄金時代を迎える。

今川氏は、政治面ではかなり立派なことを行い「今川仮名目録」という法律を早い段階で作り、また、検地も行って、領地内の今でいう国民総生産（ＧＮＰ）のようなものを掌握している。政治経済的には基礎がしっかりしていた上に、雪斎の働きだと思うが、外交が実に巧みであった。自分より強い家とは戦わない。たとえば、武田信玄や小田原の北条氏康《うじやす》とも戦わない。これらと戦っていては自分が身を滅ぼし、天下取りのチャンスを失うという判断である。

この点、武田信玄は気の毒で、越後の上杉謙信と戦いを繰り返す。川中島の戦いの前後合わせて五回戦っている。年数にして約十一年である。もし武田信玄に有能な外交顧問がいて、越後とは戦わないという条約を結んでいれば、織田信長よりも先に上洛したのは、武田信玄だと思える。

その点、今川義元は武田信玄、北条氏康らとは戦わず、信玄の長男の義信には娘を嫁がせ、氏康の娘を自分の長男の氏真《うじざね》の嫁にするという政略結婚を行い、後方を安全にしてから、弱い三河を攻略する。

雪斎の死が今川氏の衰退を招く

当時、三河には松平広忠という家康の父親がいたが、力が弱かった。それで、義元は一気に三河を制圧する。その勢いで尾張も狙ったが、非常に残念なことに、桶狭間の戦いの少し前に雪斎が病死してしまう。歴史に「もしも」はないが、あえて言えば、雪斎があと五年長生きしていれば、桶狭間において今川義元は後で述べるような無惨な死に方はしなかったのではないかと思う。うまくすれば今川義元は京都まで上れたかもしれない。雪斎はそれほどの人物であった。

現在、静岡市葵区に臨済寺があるが、雪斎はそこの住職にもなっている。臨済寺には幼

雪斎が住職を務めた臨済寺

い松平竹千代、後の徳川家康が通って、雪斎の教えを受けた。雪斎は、竹千代に帝王学を教え込んだ。おそらくそれが財産になって家康が後に信長、秀吉に協力して、天下統一の覇者になりえたのだと思う。その基礎がこの今川時代に培われたのだと見ている。

このような意味で、雪斎の偉大さが今川家の黄金時代を現出させたと同時に、その死が今川家の滅亡を早めたということになろう。私は雪斎を買い被り過ぎていると言われるかもしれないが、雪斎が亡くなってから、ほんの三～四年で今川家が衰退し始めるのを見ると、雪斎の役割の大きさを感じざるを得ないのである。

（3）駿府と今川氏の文化

京都風公家文化の影響

今川氏は、京都の女性をかなり娶《めと》っている。前述のように義忠は、公家ではないが京都の幕府政所執事の一族の伊勢氏の女性を妻にし、氏親は中御門家から嫁を娶っている。そうした形で京都との交流が非常に多かった。そのことが、戦国大名今川氏の時代の駿府の文化にいろいろな形で影響を与えた。

今川文化の特色の第一は、京都風公家文化といっていい。あまりにも京都風文化にのめり込み過ぎてしまったために、家を滅ぼしてしまったのが義元の子供の氏真である。蹴鞠に熱中し、また冷泉為和などの歌人から手ほどきを受け、和歌にのめり込んだ。氏真は武将としては名を残さなかったが、歌人としては名を残している。たくさんの歌集があり、私が数えた限りでは一四〇〇首ある。専門の歌人でも、それだけ残している人はあまりいない。

早くから木版印刷を行う

第二は、禅宗文化である。先祖代々静岡地方の宗派は臨済宗妙心寺派か、曹洞宗が多い。今川氏親の菩提寺が曹洞宗の増善寺で、義元の菩提寺は臨済寺である。このように禅宗が盛んで、雪斎の時代には五山文学のためのテキストが駿府で印刷されている。

山口県には大内義隆という大名がいたが、そこで印刷された大内版と駿河版（今川版）の二つは、日本の木版印刷としては非常に早い部類に入る。それだけ文化的に高度なものがあったのである。言い換えれば、そういうテキストを印刷するほど読む人がたくさんいたということである。

黄金文化の繁栄

第三は、黄金文化である。駿河には、梅ヶ島金山、富士金山、井川金山と、主な金山だけでも三つある。

今川義元の時代に、日本に灰吹き法という画期的な精錬法が朝鮮経由で入ってくる。それまでは砂金から金を採る方法であったが、この灰吹き法は金鉱石を掘って、それを粉にして鉛と混ぜ合わせて、動物の骨で作った皿の上で熱すると、不純物が鉛と一緒に動物の骨でできた皿に吸い取られ、金の塊だけが残るという技術である。

義元は、この技術のお陰で大量の金を得ることができた。義元が優雅な生活ができたのは金のお陰である。

本論からちょっと外れるかもしれないが、今川義元という武将は、桶狭間で織田信長にああいう形で負けたので、どちらかというと軟弱な武将の典型に考えられている。テレビなどの義元は、必ずお歯黒をして、烏帽子《えぼし》姿でいかにも軟弱な公家風だが、当時、お歯黒をするのは公家風のスタイルではない。

『おあん物語』という関ケ原の合戦の頃の思い出話を女の人が書いた本がある。その中で、自分が幼かった頃に敵の首を取ってきたときには、城中で死人の首にお歯黒を塗った。それはお歯黒首の方が身分が高いので、首の価値が高まり、それだけ恩賞も大きいからだと書いてある。当時の日本に来ていたルイス・フロイスらの宣教師も、日本人のお歯黒を付ける習慣を指摘している。当時、女性や公家だけではなく、武士の中でも一定の身分の人はお歯黒を付けていたのである。

また、駿河では米があまり取れなかった。太閤検地のときのデータでは、駿河一国でたった十五万石で、尾張一国では五十四万石であった。義元の領地の駿河、遠江、三河では、私の計算によると六十九万石余となる。こういう比較で見ると、桶狭間で織田信長が今川義元に勝ったのは、駿河、遠江、三河の三ヵ国対尾張一ヵ国というと力の差は歴然としているように見えるが、米の石高で計算すると意外に差はなかったということである。桶狭間の戦いは、信長にすると一か八かの賭けのような戦いだったと言われるが、必ずしもそうではなかったのではないかという側面である。

黄金によって今川氏が栄えたということは、昭和五十七年（一九八二）に、現在の駿府城公園に県立美術館を造ろうとしたときの発掘調査の際、非常に小さな純金製の梅の花の彫金が出てきたことからもわかる。多分、箪笥か化粧道具入れの飾り金具ではなかったかと思うが、黄金をふんだんに使った文化が駿府にあったということである。

輪の文化

第四は、今川文化を支える一つの柱は「輪の文化」であったと思う。たとえば、連歌、お茶など、何人かがグループをつくり、サロン風に楽しんだ。同時に、一般庶民もそういう文化の恩恵に浴し、かなり文化度が高かったというのが私の持論である。当時、京都からきていた山科言継《やましなときつぐ》という人の日記の中に、駿府の新光明寺で、女房狂言（女の人の狂言）が演じられ、一般の人が千四百から千五百人も押し掛けたとある。

当時の駿府の人口は、約六千人と推定されるが、一般庶民が狂言を見物し、理解できたという文化度の高さは、家康が駿府に入ってきたときに生かされた。したがって、家康だけがつくった駿府の町という言い方には反対で、今川時代の二三五年間にわたる伝統と文化が根にあったからこそ、家康入府後に駿府の急速な発展が見られたのではないかと考えている。

＊『Systems』一九九三年十一月号
ユニシス研究会

第三章　桶狭間に散った「東海王国」の野望

今川義元はいまだに戦国武将としての評価は低い。それは、二万五千という大軍を擁しながら、わずか二千の織田信長に敗れ、首を取られてしまった桶狭間の戦いのイメージが強烈だからである。本当は足利将軍家から「外出のときは輿《こし》に乗ってよい」との特別許可を与えられ、輿《こし》で出陣したにもかかわらず、「馬にも乗れなかった」などと揶揄《やゆ》され、戦国武将失格といった烙印を押されてしまっている。

今川義元像（臨済寺蔵）

桶狭間の戦いで信長に討ち取られたことはたしかであるが、これは、信長の戦略・戦術の方を評価すべきである。義元の側に油断があったことは否めないが、この敗北をもって、義元の戦国大名としての業績や全人格まで打ち消してしまうのはまちがいである。武将としては失敗したが、大名としての義元は、当時の戦国大名の中では文句なくトップレベルだった。その証拠に、有名な武田信玄と上杉謙信の川中島の戦い第二回戦は、義元が間に入って戦いをやめさせているのである。義元は、戦国を代表する武田信玄・上杉謙信とも肩を並べる存在だった。

軍師・雪斎を得る

義元は永正十六年(一五一九)、今川氏親の五男として生まれている。幼くして禅寺に入れられており、家督は長兄氏輝が継いだ。ところが、その氏輝が天文五年(一五三六)、二十四歳の若さで死んでしまった。子どもがいなかったため、弟たちの中から家督を継がせることになり、氏親三男の玄広恵探《げんこうえたん》と五男の梅岳承芳《せんがくしょうほう》の争いとなった。いわゆる花蔵の乱である。

この戦いに勝利した梅岳承芳が還俗し、将軍足利義晴から「義」の一字を与えられ、義元と名乗った。義元は禅寺での修業時代に師であった太原崇孚《たいげんそうふ》、すなわち雪斎《せっさい》を亡き兄氏輝の菩提寺として建立した臨済寺の住持に招くとともに、軍師としている。執権などといわれることもある。

この義元・雪斎コンビにより、武田信玄・北条氏康との間に「甲相駿三国同盟」を結び、後方の安全を確保した上で、父氏親や兄氏輝のときにはほとんど踏み出せないでいた三河侵攻に本格的に乗り出し、西三河まで領国を広げることに成功している。新しく領国に組みこんだ三河では検地も行っている。

注目されるのは、父氏親が制定した「今川仮名目録」に追加する形で「仮名目録追加」を制定していることである。氏親の三十三ヵ条に、義元が二十一ヵ条を追加した形となるが、単なる追加ではなく、時代の変化に対応した条文の修正という側面もあり、直面する領国内の諸問題に対応出来る法整備を進めていた。

金山開発と東海道整備

また、領国経営として富国強兵に取りくんでいる点も特筆される。今川領国である駿河・遠江・三河三ヵ国の米の生産高、すなわち石高は意外と低かったことはすでに述べたが、義元はその弱点を他の施策で補っているのである。一つは鉱山開発で、駿河には、安倍川上流の安倍金山、大井川上流の井川金山があり、その産金額が莫大だった。

そして、今川領国には東西に東海道が貫通しており、義元はそれも見逃さなかった。伝馬制によって商品流通の円滑化をはかり、また、太平洋岸航路を奨励し、特産品の茜《あかね》（染料）などを京都に売りこんでいた。当然、本拠地である駿府今川館の周辺には城下町ができ、多数の商人・職人が集住するようになる。義元は、そうした商人を個々につかむのではなく、豪商の友野二郎兵衛尉を商人頭に任命し、商人たちをたばねさせていた。商品流通経済に逸早く目をつけた戦国大名が義元だったといっても過言ではない。

領国経営にあたって義元が柔軟な考え方をしていたことを示す事例もある。遠江の見付《みつけ》は古代の国府が置かれたところであった。そこは遠江の政治・経済の古くからの中心であった。そこには義元の時代にも宿《しゅく》が形成され、町衆《まちしゅう》がいた。その町衆たちから、「年貢をこれまでの一〇〇石から一五〇石に増やすので、町衆による自治を認めてほしい」という要望が出され、義元はそれを許可し、町衆による自治を認めていたのである。

なぜ尾張に侵攻したのか？

義元が織田信長領の尾張に侵攻しはじめたのを、永禄三年（一五六〇）の桶狭間の戦いのときと受けとめている人が多いが、それはまちがいである。すでにそれより前から徐々に攻めこんでおり、桶狭間の戦いのときには尾張の愛知郡の鳴海城と大高城、それに海西部の蟹江城は今川方となっていた。

では、この時期、義元はなぜ尾張への侵攻を始めたのだろうか。理由はいくつかあるが、一つはやはり、領土拡大が戦国大名として存立する上で不可欠だったということである。義元としても、家臣たちの離反を防ぐために、常に侵略戦争をしかけ、その戦いに家臣を動員し、その手柄によって獲得した新領土を恩賞として与え続けることが宿命づけられていたからである。

そしてこれが二つ目の理由であるが、尾張は義元にとってまさに垂涎《すいぜん》の地だったのである。

前述したように、それまでの今川領の駿河・遠江・三河三ヵ国の石高は意外に低かった。義元時代のデータは残念ながらないが、およそ四十年後のデータでみても低かったことがわかる。豊臣秀吉が行った太閤検地が終了したときのデータが「慶長三年検地目録」（『大日本租税志』）として残っているが、それによると、三ヵ国はつぎのようである。

駿河　十五万石
遠江　二十五万五一六〇石
三河　二十九万七一五石

つまり三ヵ国全部足しても六十九万五八七五石で、七十万石になっていない。このデータは、義元の時代から四十年後なので、仮に七割とすると四十九万石、八割としてみても五十六万石にすぎない計算である。それに対し、慶長三年のデータをみると尾張一国だけで五十四万一七三七石もある。義元にとって、この高い石高は魅力だったと思われる。単なる領土拡張欲ではない。

今川義元関連年表

一五一九	今川氏親の五男として生まれる。氏親の補佐役から戦国大名に成長した北条早雲が没す。
一五二六	氏親が「今川仮名目録」を制定。
一五三六	花蔵の乱。家督を継ぐ。
一五三七	武田信虎女（信玄の姉）を妻に迎える＝甲駿同盟の成立。北条氏綱、駿河に侵攻＝河東一乱。
一五四九	三河全域を制覇。
一五五二	織田信秀没。信長が家督を継ぐ。
一五五三	「仮名目録追加」二十一ヵ条を制定。
一五五四	嫡男・氏真が北条氏康女を妻に迎える＝甲相駿三国同盟の完成。
一五五五	第二次川中島の戦いの仲裁に入り、武田・上杉に講和が成立。
一五五七	氏真に家督を譲る。
一五六〇	桶狭間で討ち取られる（四十二）。

三つ目の理由は、織田家の代替わりである。三河の支配をめぐって義元と長年戦ってきた織田信秀が天文二十一年（一五五二）に亡くなった。義元には、この代替わりの混乱期を狙うという意識があったものと思われる。実際、信秀の死後、織田一族の反乱がおきており、信長はようやく、永禄二年（一五五九）に岩倉城の織田信賢を破り、一応の尾張統一を成しとげている。「一応の」といったのは、この段階ですでに義元の力が尾張におよんでいたからである。

もっとも、それまでの尾張侵攻は、義元の家臣たちによるものであり、義元自身は出陣していない。ところが永禄三年の尾張侵攻にあたっては、義元自らが出陣しており、それまでの軍事行動とは明らかな違いがある。では、義元が自ら出陣した桶狭間の戦いのときの尾張侵攻の狙いは何だったのだろうか。

桶狭間の戦いの目的

これまでの通説は上洛説である。尾張の信長を破り、京都に旗を立てるのが目的だったとする。ところが、尾張から京都への道筋には美濃の斎藤義龍、近江の六角承禎《じょうてい》といった戦国大名がおり、そのまま上洛して天下に号令するというには無理があるということで、近年は上洛説は否定されている。それに代わる形でいくつかの説が浮上してきており、一つは、三河確保説である。義元が、三河まで自分の領国に組みこんだところで、信長によって邪魔されないよう、尾張に攻めこんだとする考えである。

二つ目は、織田方封鎖解除説で、今川方となった鳴海城を封じこめようと、信長が善照寺砦や中島砦などの付け城を築き、大高城に対しても鷲津砦・丸根砦といった付け城を築いたので、そうした封鎖の動きを解除しようとしたというものである。

たしかに、そうした可能性も否定はできないが、仮にそうであるなら、それまで通り、義元自らが出陣するほどの必然性はない。私は、むしろ、この機会に、信長を打ち破りたいという思いが義元にあったのではないかと考えている。上洛説・三河確保説・織田方封鎖解除説より一つ上の段階の尾張奪取説ということになる。

その際、前述したように、尾張の石高の高さに着目したことが理由の一つであるが、もう一つ、商品流通経済を重くみていた義元にとって、伊勢湾舟運と尾張の陶器産業も魅力だったのではないかとみている。信長の父信秀が、尾張の二人いた守護代のうち、清須織田家の「三家老」の身でありながら尾張を代表する勢力にのしあがったのは、津島湊と熱田湊という伊勢湾舟運の重要な港を手に入れていたからで、義元もこの伊勢湾舟運に目をつけたものと思われる。

尾張を奪取したあと、つぎのターゲットは当然のことながら伊勢湾に面している伊勢である。伊勢も「慶長三年検地目録」のデータでは尾張にほぼ拮抗する五十六万七一〇五石となっており、わが国を代表する穀倉地帯の一つであった。しかも、伊勢の大湊は、太平洋岸航路の出発点であり、そこを手に入れることの経済効果は大きなものがあったと考えられる。義元は、駿河・遠江・三河・尾張・伊勢・志摩といった国々を支配下に置く「東海王国」を夢みていたのではなかろうか。

義元は永禄三年五月十二日、二万五千の大軍を率いて駿府今川館を出陣していった。この軍勢の数については『信長公記』は四万五千と記している。『信長公記』の著者太田牛一が、信長が少ない軍勢で大軍を破ったことを宣伝するため、数字を誇大に記したか、あるいは、今川方が信長を数で圧倒しようとして四万五千とふれさせていたのかもしれない。

「おけはざま山」の昼食

五月十九日、三河の沓掛城を出発した義元本隊は、その日、大高城に入る予定だった。沓掛城から大高城へのちょうど中間地点に桶狭間というところがあり、そこで昼食休憩をとっている。「狭間」というのは谷底のような地形のところをいう。事実、桶狭間のあたりは窪地があり、低湿地も多い場所である。従来、その桶狭間という地名にひかれ、義元は谷底のようなところで昼食をとっていたとされてきた。しかし、いくら昼食時間になったといっても、一軍の大将が谷底で休憩するはずはない。『信長公記』にあるように、「おけはざま山」という山の頂上か中腹で休憩していたはずである。

そこに信長率いる二千の精鋭部隊が奇襲攻撃をかけ、乱戦の中、義元は首を取られてしまう。これは、奇襲を予知していなかった義元側の全くの油断である。直前に大雨が降り、今川軍の斥候《せっこう》が信長の動きをつかんでいなかったのが大きな理由であるが、緒戦の勝利に気がゆるみ、五千ほどの義元本隊が「おけはざま山」周辺に散開していたことも大きな要因であった。しかも義元本人が輿に乗っ

桶狭間関連地図

て出陣していたことが命取りになってしまった。輿のある場所が信長軍の格好の攻撃目標になってしまったからである。

このとき、義元だけが討たれていたのなら、そのあと態勢をたて直すことは可能だったかもしれない。ところが二俣城主松井宗信、井伊谷《いいのや》城主井伊直盛ら支城主クラスの重臣たちも多く討ち取られてしまい、全軍敗走となった。大高城で義元本隊の到着を待っていた松平元康、すなわちのちの徳川家康も三河に逃げもどり、はじめ大樹寺、ついで今川軍が撤退した岡崎城に入っている。

その後の今川氏

かなりの重臣が討ち死にしていたので、義元の子氏真には信長と戦うだけの力はなく、そのうちに、家康が今川家から離れ、信長と手を結んだため、三河は家康に切り取られる結果となった。この事態を氏真は「三州錯乱《さくらん》」などと表現しているが、その家康を討つ力もなかった。さらに家康は遠江の今川家臣に手をのばしはじめ、それを氏真は「遠州忩劇《そうげき》」といっているが、ずるずるとするだけであった。

結局、「甲相駿三国同盟」で今川家とは同盟関係にあった甲斐の武田信玄も、「このままでは家康に今川領をすべて取られてしまう」と危機感を募らせ、ついに同盟を破棄し、永禄十一年（一五六八）、家康と手を結んで今川氏討滅の軍事行動をおこしている。このとき、信玄が駿河を、家康が遠江を手にするという大井川を境にした駿遠分割領有の密約が成ったという。

十二月十三日、武田軍が駿府今川館を攻め、守りきれなかった氏真は、重臣筆頭の掛川城主朝比奈泰朝のもとに逃げこみ、そこを家康に攻められることになった。翌十二年五月十七日、氏真はついに降伏し、妻の実家である北条氏を頼っていった。ここに、戦国大名今川氏は滅亡したのである。

ただ、家康もその後、氏真に五〇〇石ほどの扶持を与えるなどして、家名の存続ははかっており、氏真の孫にあたる直房は高家となっている。

＊『文藝春秋 SPECIAL』二〇一六年春号
文藝春秋

第四章　戦国大名の新政策と農民

戦国武将たちにとっての最大関心事は、目先の戦いに勝つことよりも、むしろ、戦いに勝つために、自分の領国をいかに豊かにするかであった。そのため、それ以前の守護・守護大名とは違う、戦国大名独自の新政策が次から次へと打ち出されていったのである。本稿ではその典型例として、駿河・遠江・三河を領した今川氏および、伊豆・相模・武蔵を中心に関東に覇を唱えた後北条氏を例に、具体的な新政策を見ていくことにしよう。

検地と分銭

いま、戦国大名論の分野でいちばん注目されているのは戦国大名検地である。特に、今川・後北条・武田の三大名の検地研究が、戦国大名研究をリードしている観がある。では、なぜ検地が重視されるのだろうか。

まず第一点は、戦国大名がそれまでの守護大名と違って、戦国大名として峻別される大きなポイントが、検地をしたかしないか、つまり、検地を行って、荘園制否定の方向に進んだ者が戦国大名であり、荘園制を容認した者、検地を行わない者が守護大名として定義されることと関係している。

二点目は、戦国大名の検地が、中世から近世への移行期の研究にとって重要な状況となっている点である。戦国大名というものが、近世大名に連続する権力であるのか、あるいは、中世社会最終段階の中世的政治権力なのかという権力規定に関わってくる。これを明らかにする鍵が、戦国大名の検地である。

後の秀吉による太閤検地や江戸時代の検地と同じように、検地が行われると検地帳が作成され、そこには、田であるか畠であるか、その面積はどれくらいか、いい土地か悪い土地か、そして、それをだれが耕作しているのかが記されている。

戦国大名は、この検地帳をもとに年貢の計算をするわけであるが、その計算が貫高で行われているところに特徴がある。すべてが貫高で表現されるわけで、このシステムを「貫高制」とよんでいる。

どういうわけか、後北条氏の場合が一番すっきりしていて、田一反について、分銭五〇〇文と決まっている。分銭はすなわち年貢である。畠のほうは半端な数字だが、畠一反について一六五文の分銭となっている。後北条氏は、いい土地か悪い土地かの区別を設けていない。

今川氏の場合は、いい土地か悪い土地かの区別、すなわち、上田か中田か下田かという三等級に分け、上田では一反につき五〇〇文から七〇〇文、中田では四〇〇文から六五〇文、下田では三〇〇文から六〇〇文というように、時代により、地域により違いがあって一定ではない。しかし、平均すると、後北条氏と同じように、およそ田一反あたりの分銭は五〇〇文という数値となっている。今川氏は、畠一反は三〇〇文の計算であり、このほうは後北条氏より高額である。

つまり、後北条氏にしても、今川氏にしても、農民たちは、田一反を耕すことによって、年に五〇〇文の分銭、すなわち年貢を負担していたことになる。ここに、検地―貫高制―年貢納入のメカニズムがあったわけであるが、実際問題として、田一反につき五〇〇文の分銭というのは、どのくらいの年貢率だったのだろうか。農民たちにとって相当に重いものだったのだろうか。

この問題を考えるためには、やや複雑な計算が必要である。以下、煩雑になるのを覚悟の上で、計算を行ってみたい。

当時の公定米価は、標準的なところをとると、一斗二升＝一〇〇文であった。つまり、五〇〇文＝六斗である。農民たちは、田一反を耕すことによって、刈入れ後、収穫米の中から六斗を年貢として上納することになる。田一反の収穫量から六斗の年貢が、年貢率としてどのくらいになるかは、当時、田一反の収穫量がどのくらいであったかを明らかにしなければならない。

ここでその計算をしていく場合、一つ参考になるのは、太閤検地の中田一反の石盛《こくもり》が一石三斗だったという点である。ところが、太閤検地のときの一反は三〇〇歩であり、戦国大名の頃は一反三六〇歩制をとっているので、換算すると、中田の石盛は一石五斗六升となる。つまり、一反の田から一石五斗六升の収穫量があり、その内の六斗が年貢として納入されるという計算になっていたことがわかり、

六斗÷一石五斗六升＝〇・三八

となり、年貢率三十八％であったことが明らかとなる。太閤検地の頃より、戦国大名検地の頃のほうが収穫量は低かったと思われるので、およそ四公六民とみてよいであろう。

ここで思いおこされるのが、後北条氏の祖伊勢新九郎（北条早雲）が、伊豆に攻め入ったとき、それまでの五公五民を四公六民に改めたというエピソードである。すなわち、

……新九郎収納する所は、御所の知行わづか有計を、台所領に納(収)、みな本の侍領知す。其上新九郎高札を立る。「前々の侍年貢過分の故、百姓つかる丶由聞及びぬ。以来は年貢五つ取所をば二(一)つゆるし、四つ地頭おさむべし。此外一銭にあたる義なり共、公役かけべからず。若法度に背くともがらあらば、百姓等申出べし。地頭職を取はなさるべき也」と云々。是によりて百姓共よろこぶ事限りなし。

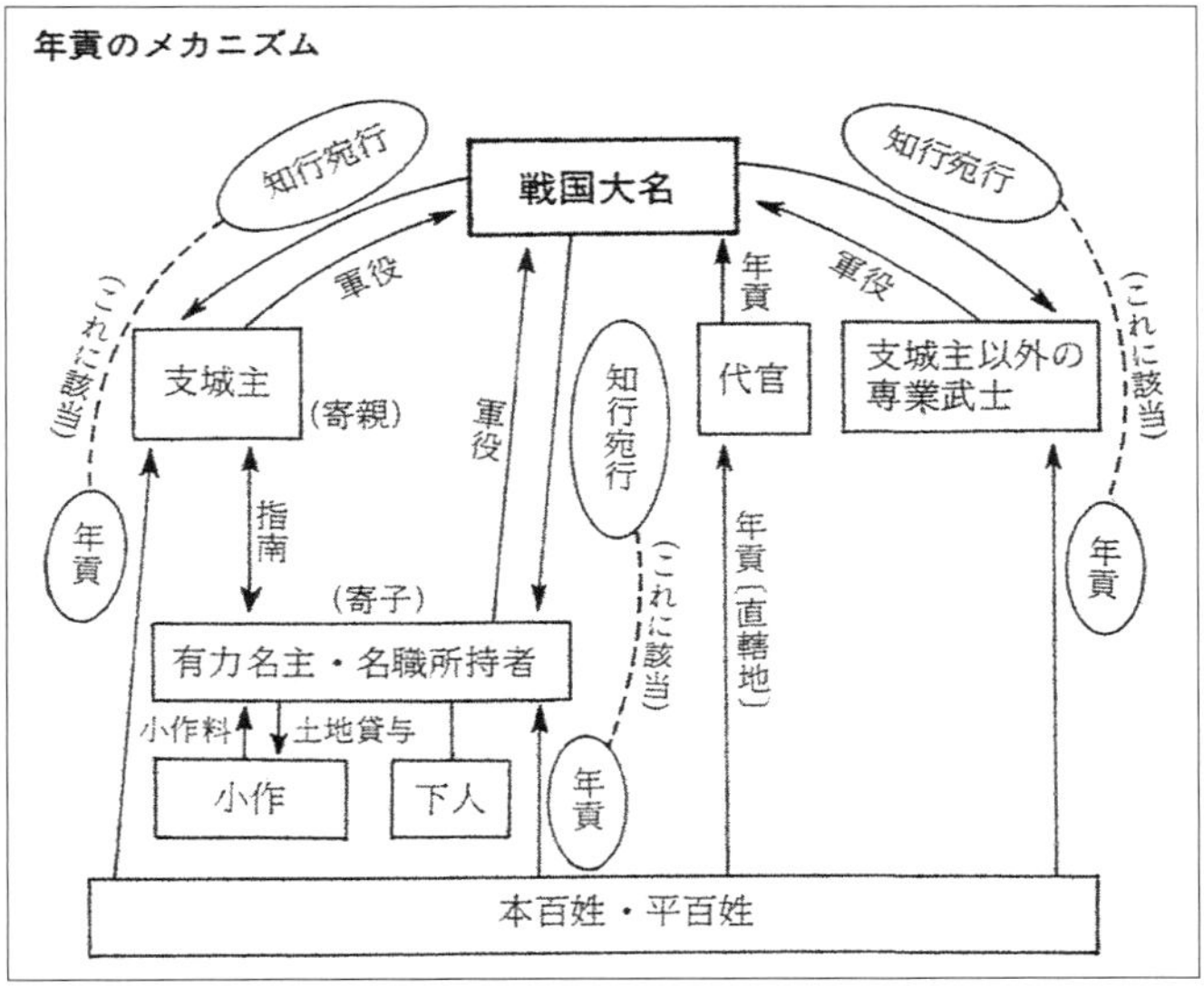

と記されていること（『北条五代記』）が、意外と真実を伝えていたようにも思えてくる。後北条氏・今川氏ともに、四公六民政策をとっていたことが推測される。

年貢納入のメカニズム

では、四公六民という場合の「四公」は、どのような形で領主に納められたのだろうか。年貢納入のメカニズムについて明らかにしておこう。すべてを文章で表現するのは困難と思われるので、模式図を用意して、その解説をするという形で進めていきたい。

図をみて明らかなように、戦国大名自身の蔵に入る年貢というのは、直轄地からの年貢だけである。直轄地のことを別

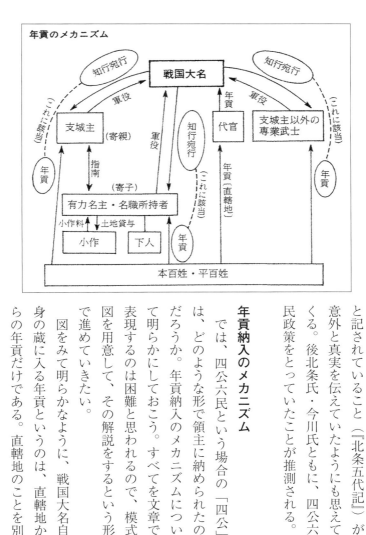

名蔵入地《くらいりち》とよぶのはそのためだが、直轄地以外の土地からは年貢は一切入ってこない。「それだけでは戦国大名の収入は少なすぎはしないか」という疑問が生まれてくるかもしれない。後述するように、戦国大名の収入源は年貢だけではなかったので、心配は無用である。

直轄地以外の土地は、家臣に分け与えられ、また、寺社などに寄進されていた。家臣に与えられたのが所領（知行地）であり、寺社などに寄進されたのが寺社領である。考え方として、これらは、戦国大名の〝御恩〟によって土地を与えられたことになるが、土地を与えられたということは、その土地を耕している農民たちの年貢が、それら家臣たちに知行として宛《あて》行《が》われたことを意味していた。

そして、その知行宛行《あてがい》という〝御恩〟に対する〝奉公〟として、軍役《ぐんやく》や普請役などの戦国大名に対する諸役をつとめることが義務づけられていたことになるわけである。寺や神社であれば、〝奉公〟の内容が軍役などではなく、加持祈禱であるとかの宗教行事の勤行《ごんぎょう》などになっているだけである。

このように整理してしまうと単純だが、実際はこんなに単純ではない。家臣のランクが複雑だったからである。複雑なものを、あえて単純化し、私は、図に示したように、「支城主」、「支城主以外の専業武士」、「有力名主・名職所持者」の三つに分けて考えてみた。

これら三つは、ランクが異なるだけで、戦国大名から知行が宛行われている点では同じである。そして、すでにみたように、知行の中身というのは、農民（本百姓・百姓）たちからの年貢だった。

ただ、ここで注意しておきたいのは、「支城主」、「支城主以外の専業武士」は専業武士であるが、「有力名主・名職所持者」は専業武士ではなかったという点である。よく「半農半士」とか、「兵農未分離状況の武士」などと表現されるが、平時は農業経営に携わりながら、戦時に武士として出陣していったような階層、すなわち、土豪とか地侍とかいわれている部分である。

寄親寄子《よりおやよりこ》制をとっている戦国大名の場合には、これら「有力名主・名職所持者」が寄子となっている。戦国大名の家臣団の圧倒的大多数は、この「有力名主・名職所持者」であり、彼らは、戦国大名から土地を知行地として与えられ、それを耕作させ、年貢分がそのまま知行貫高として位置づけられていた。

例えば、戦国大名がある家臣に二十五貫文の知行地を宛行ったとすると、先にみたように、田一反＝五〇〇文の分銭なので、仮に、知行地すべてを田で与えられたとすると、その家臣は、五町歩の田を所領としてもっていたことになる。田ばかりということは常識的には考えられないので、一反＝一六五文の畠もふつうには含まれていたとみられ、そうなると、十町歩ぐらいの土地をもっていた階層ということになる。

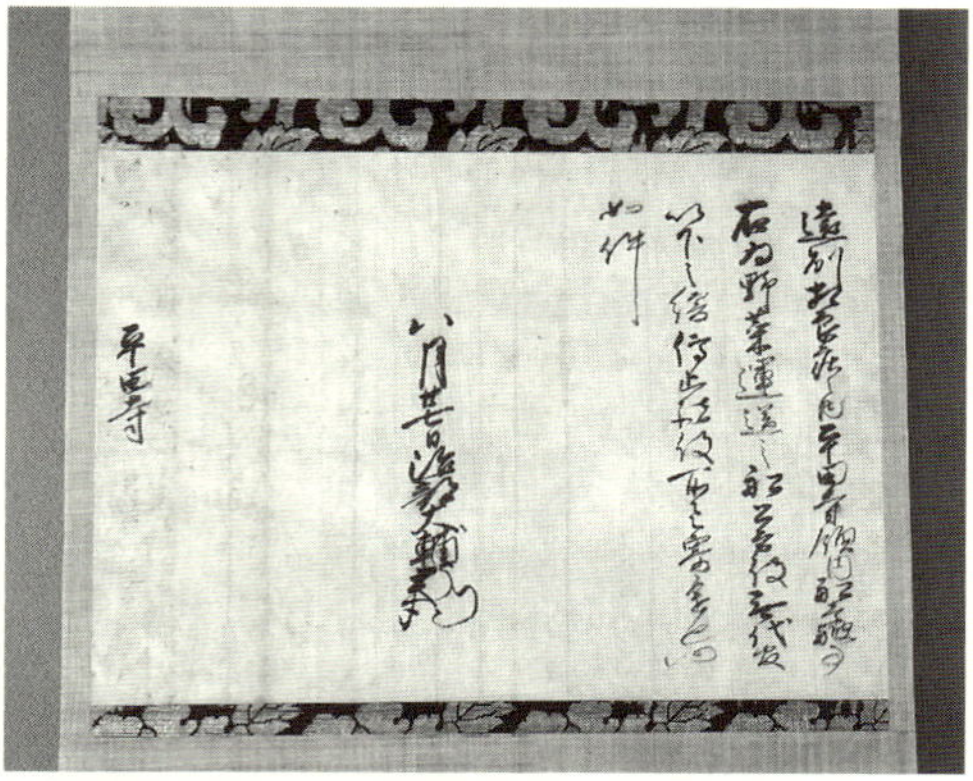
寺領保護を保証した今川義元判物（平田寺文書）

後北条氏には着到状《ちゃくとうじょう》という文書があり、それによって二十五貫文程度の知行をもつ家臣の場合をみると、馬上一騎・鑓《やり》一本・小旗一本が標準的であった。つまり、土豪本人が馬に乗り、ほかに、鑓持一人、旗持一人の二人の被官をつれて出陣していった様子がうかがえるのである。

戦国大名の税制改革

先に、「戦国大名の収入源は年貢だけではなかった」といったが、では具体的に、その他の収入源としてどのようなものがあったのかをみていくことにしよう。

この点については、戦国大名ごとに特色があり、一律ではなく、例えば、越後の上杉謙信などは、直江津湊に出入りする船に船道前《ふなどうまえ》という入港税を課し、これが相当な収入になっていたといった例もある。甲斐の武田信玄が金山開発に力を入れたのも、金山からの収入が莫大だったからである。

ところで、先に一部引用した『北条五代記』に、伊勢新九郎が年貢を四公六民にし、「此外一銭にあたる義なり共、公役かけべからず」と高札に書いたとしているが、これは嘘である。当時の農民たちは、年貢だけを納めればそれでよいといったものではなかった。年貢のほかに、公事《くじ》と夫役《ぶやく》を負担していたのである。夫役は労働課役で、人足役・陣夫役・普請役などがこれにあたる。

公事は諸役といわれ、後北条氏では、天文十九年（一五五〇）、北条氏康のときの税制改革によって、反銭《たんせん》（段銭）・懸銭《かけせん》・棟別銭《むねべちせん》の三つに整理されている。この北条氏康による税制改革は、戦国大名の税制改革の典型例とされているもので、反銭・懸銭は土地にかけられる税で、反銭は一〇〇貫文の土地から四貫文の割合、つまり四％の税率、懸銭は一〇〇貫文の土地から六貫文、すなわち六％の税率であり、反銭と懸銭とあわせ、ちょうど貫高の一割が納入されるしくみとなっていた。

反銭・懸銭が土地にかかる税だったのに対し、三税のもう一つは棟別銭で、これは家一間（一軒）あたり一〇〇文の計算であった。いわば家屋税であり、今日の税制に照らせば土地税・家屋税ということで、固定資産税に該当する。

この三税は直轄領だけでなく、家臣たちに与えた所領（知行地）にもかけられ、寺社領にも賦課されている。戦国大名の財源としては、直轄地からの年貢と並んでかなり重要で、伊達氏の例であるが、天文四年（一五三五）一年間の反銭収入六八二六貫七二〇文、棟別銭収入一六四二貫五〇〇文となっている。

農業生産力増大策

「戦国時代は、わが国の土木技術が飛躍的に発展した時代である」といわれる。確かに、築城術と鉱山掘鑿術、それに築堤術などの灌漑用水技術が三位一体となって発展しており、新田開発にしても、戦国時代から急増していることが明らかである。

どうしてもそれまでの水田は、谷田《やとだ》といわれるように、谷々の耕地という性格から脱却できなかった。在地領主ごとに権力をもち、それらを統括しうるだけの力を発揮する勢力が、まだ成長していなかったからである。

戦国大名の出現によって、それまで小規模な土木工事しかできなかったものが、かなり大がかりな工事をも遂行できるまでになっている。つまり、戦国時代は破壊と無秩序の時代ではなく、開発の時代であった。甲斐の武田信玄による「信玄堤」の築堤などは、その象徴的表現と思われる。

戦国期の文書をみていると、「三年荒野」とか、「七年荒野」といった文言がかなり目につく。これは、農民たちが用水路を掘ったりして努力し、新田を切り開いたような場合、戦国大名が、「三年間は荒野だったつもりで、年貢などをかけませんよ」という意味であった。「七年荒野」ならば、七年間の租税を免除するという意味である。つまり、「三年荒野」「七年荒野」という文言の背景に、戦国大名による勧農政策の一端が垣間みられるわけである。もちろん、戦国大名自身が陣頭にたって新田を開発したり、築堤工事をしたりすることもあった。先の「信玄堤」などはその例である。

後北条氏と今川氏の勢力の接点にあたる駿河国駿東郡大平村（現在、静岡県沼津市大平）に、「大平年代記」という村の記録がある。この村は狩野川のほとりにある村で、しょっちゅう洪水の被害を受けているが、戦国時代になって、急に洪水の記録が減っている。戦国時代になって、雨量が減ったわけではあるまい。やはり、戦国大名後北条氏なり今川氏による築堤など、狩野川の制御が進んだ結果であろう。

これらの点をみると、農民たちにとって、戦国大名権力というのは、ある面では期待されるものだったのではないかと思われる。用水争論の減少もその一つで、それまで、どんぐりの背くらべのような在地領主の割拠状況から、強大な戦国大名権力が出現することにより、全体を統轄する部分が生まれてきたという点は注目しておかなくてはならないのではなかろうか。

支配階級の階級的結集によって生まれた強大な権力、それが戦国大名権力であるということが、農民政策の面からも確かめることができる。

分国法制定の意味

守護大名と戦国大名とを峻別する指標として、先に私は検地をあげたが、もう一つ重要なのは、分国法（戦国家法）の制定である。周知のごとく、室町時代、室町幕府が制定した室町幕府法が通用しており、戦国大名が、自分の「分国」にだけ通用する法を制定したということは、室町幕府法からの離脱、つまり、突き詰めれば、幕府からの独立を意味していたことになる。

その意味において、今川氏が今川氏親のとき、三十三ヵ条におよぶ「仮名目録」を制定したことは、今川氏の戦国大名化の画期とみてよいと思われる。しかも、その「仮名目録」に影響されて、武田信玄が「甲州法度之次第」を制定しているわけで、これら新政策の総合的なものが分国法にも反映されていったことになる。

農民たちも、そうした新しい時代の渦の中に巻き込まれていったのである。

＊『高校通信　東書　日本史・世界史』一五七号　一九八九年十月
東京書籍

第二部

今川義元と徳川家康

第一章　戦国時代のはじまり――今川氏親から義元へ

戦国大名今川氏の遠江侵攻

戦国時代がいつはじまるかという問題は、戦国時代という定義そのものが曖昧なため、諸説あるのが現状である。ただ、東国に関していえば、北条早雲《ほうじょうそううん》（伊勢《いせ》新九郎、出家して早《そう》雲庵宗瑞《うんあんそうずい》）の伊豆討ち入り、すなわち、明応《めいおう》二年（一四九三）からと考えられる。それは、駿河《するが》の守護大名今川氏親《いまがわうじちか》の一家臣にすぎなかった早雲が、室町幕府の出先機関である堀越《ほりごえ》公方足利茶々丸《ちゃちゃまる》を倒したわけで、文字通りの下剋上だったからである。

このあと、早雲は、さらに相模《さがみ》にも進出し、伊豆・相模二ヵ国の戦国大名となり、駿河の守護大名だった今川氏も、氏親の代に戦国大名化し、早雲の力を借りて、駿河から遠江《とおとうみ》に侵攻していった。守護大名と戦国大名のちがいは何かといえば、守護大名は室町幕府および将軍あっての権力だったのに対し、戦国大名は、幕府・将軍から独立した存在だったことと、荘園に対する接し方のちがいだった。守護大名は荘園の存在を認めていたのに対し、戦国大名は荘園制を否定し、土地を一元的に支配するようになっている。

今川氏親の軍勢が遠江に侵攻しはじめたのは明応三年のことである。早雲が伊豆に討ち入った翌年のことで、しかも、今川軍を率いていたのは早雲だった。実は、早雲と氏親は叔父と甥の関係であった。早雲の姉北川殿が駿河守護今川義忠《よしただ》に嫁いで、そこに龍王丸《たつおうまる》、すなわち氏親が生まれていたのである。義忠は遠江の横地《よこじ》氏・勝間田《かつまた》氏といった国人《こくじん》領主と戦ったとき、不慮の死をとげた。そこで氏親が早雲の補佐を受けて自立し、今川氏の家督を継いでいた。

明応三年のときの今川軍の攻撃目標は殿谷《とんのや》城（静岡県掛川市）の原氏で、原氏も横地氏・勝間田氏と同じレベルの国人領主であった。国人領主は国衆《くにしゅう》ともよばれている。遠江は大きく、東遠・中遠・西遠・北遠の四つに区分されるが、東遠を代表するのが横地氏・勝間田氏で、中遠を代表するのが原氏だった。すでに横地氏・勝間田氏は滅ぼされているので、原氏の滅亡によって、今川氏の力は東遠・中遠にのびていたことがわかる。遠江のうち、掛川より東の地域が今川氏の手に入ったとみてよい。

そのころ、遠江の守護は斯波義寛《しばよしひろ》だった。斯波氏は室町幕府の三管領《かんれい》の一家で、細川氏・畠山氏と並ぶ幕府の有力者であり、遠江だけでなく、尾張《おわり》と越前の守護も兼ねていた。しかし、中央で政治的に身動きがとれない状況になっていて、このときの今川軍の侵攻に対し、これといった対抗措置を取った形跡がない。

戦国大名権力というのは、領土拡大を宿命づけられていたといってもよい。領土拡大の戦いに家臣を動員し、そこで得た土地を家臣に恩賞として与え続けることで主従関係が保たれていたからである。今川氏親の場合は、現在の掛川から袋井・磐田方面へと版図を広げていった。

そのころになって、ようやく斯波氏が反撃に出てきた。遠江の覇権をめぐって今川氏と斯波氏が本格的に戦うようになったのは文亀《ぶんき》元年（一五〇一）のことであった。はじめのうち、信濃《しなの》の守護大名小笠原氏の加勢を得た斯波軍が優勢だったが、久野《くの》城（静岡県袋井市）の戦いと天方《あまかた》城（静岡県周智郡森町）の戦いで勝利を収めた今川軍が形勢を逆転し、今川氏の力がさらに西へのびていくことになった。こうして、斯波氏は二俣《ふたまた》（静岡県浜松市天竜区）以北の北遠と、天竜川の西、西遠を維持するのが精いっぱいであった。

こうなると、それまで今川氏に敵対していた国人領主たちも今川氏に靡《なび》いてきて、同三年（一五〇三）には今川軍が浜名湖周辺まで征圧に成功している。ここまでくるとすぐ隣が三河国で、今川軍はついに永正《えいしょう》三年（一五〇六）八月、三河への侵攻を開始した。同年十一月、今川軍は今橋《いまはし》城（愛知県豊橋市）を落とした。これで、今川氏の力が東三河にまでおよぶことになったのである。同五年（一五〇八）には氏親はかねてから念願だった遠江守護職を得、また、修理大夫《しゅりのだいぶ》にも任ぜられ、名分を得た形で、さらに三河侵攻を続けていた。

ところが、その年十月、今川軍が岩津城《いわつ》（愛知県岡崎市）の戦いで松平軍に敗れるということがあった。この今川軍の敗北をみて、斯波氏が失地回復に動きだしたことで、遠江は再び戦乱状態となる。このころ、斯波氏では、義寛から義達《よしみち》に代替わりしており、義達は遠江における反今川の国人領主である井伊《いい》氏を味方につけ、反撃にでた。

今川氏と井伊氏の抗争

今川軍と斯波軍の熾烈な戦いがはじまったのは永正七年（一五一〇）である。この戦いの様子は、一連の戦いに今川軍の一員として従軍していた伊達忠宗《だてただむね》が軍忠状《ぐんちゅうじょう》を残しており、「駿河伊達文書」に所収されているこの軍忠状によってうかがうことができる。

戦いがはじまったのは、その年も押し詰まった十二月二十八日で、このとき、斯波義達自らが出陣し、陣地としていた「まきの寺」に今川軍が火をつけたことが開戦の合図となった。ちなみに、「まきの寺」というのは、牧というところにあった月光山宝光庵《ほうこうあん》（静岡県浜松市北区）のことで、そのあと、井伊氏の本拠だった三岳城《みたけ》（同）も放火されている。軍忠状によると、火をつけたのは「しのひ（忍び＝忍者）」だったという。

なお、井伊氏は井伊谷城《いいのや》とこの三岳城のほか、領域にいくつもの城をもつ国人領主で、今川氏の遠江侵攻のときにも抵抗し、斯波氏と共同戦線を張った。井伊氏の世代からみると井伊直平《なおひら》（直虎の曽祖父）のときと思われる。

このとき、斯波軍の構成員となっていたもう一人が引馬《ひくま》城の大河内貞綱《おおこうちさだつな》である。引馬城は引間城・曳馬城といろいろに書かれるが、のち、徳川家康が入って浜松城と名を改めたところである。大河内氏は三河の吉良《きら》氏の被官で、このころ、浜松荘という荘園の代官をつとめており、あなどりがたい勢力をもっていた。

今川氏親は、井伊谷城・三岳城の井伊氏と引馬城の大河内氏を分断する策に出て、間に位置する場所に刑部《おさかべ》城と堀川《ほりかわ》城（ともに静岡県浜松市北区）を築いている。結局、戦いは一進一退の状況で長期戦となり、永正十年（一五一三）までもちこされている。伊達忠宗軍忠状によると、その間、斯波軍が刈り働きに出た様子も描かれている、刈り働きというのは、焼き働きとともに、このころの戦い方の一つで、敵地に忍びこんで、稲を刈ってきたり、刈っている時間がないときは火をつけてくるといった戦法であった。

こうした戦いを経て同年三月七日、今川軍による三岳城総攻撃が行われ、三岳城が落城。これによって大河内貞綱も降伏し、斯波義達は尾張へ逃げもどった。ふつうに考えれば、これで遠江から斯波勢力が一掃されたことになるが、このときは、それで終わりではなかった。大河内貞綱が三年後の永正十三年（一五一六）冬、引馬城を占領し、再び今川氏親に敵対しはじめたのである。

このとき、今川氏親は城攻めにあたり、駿河の安倍金山の金掘《かなほり》をよび、城の横から穴を掘って城中の井戸を壊すということをしている。いわゆる「もぐら攻め」と呼ばれる戦法で、全国的にみても早い事例として知られている。引馬城の戦いは翌十四年の三月から八月にかけてくりひろげられ、結局、八月十九日に引馬城は落城し、大河内一族も滅亡した。この戦いに斯波義達も加わっていたが、義達は敗北の責任を取って近くの普済寺《ふさいじ》で剃髪《ていはつ》し、尾張に送還されている。氏親としては命を取りたかったところであろうが、斯波氏は今川氏と同じ足利一門ということで、命までは取らなかったのかもしれない。いずれにせよ、この引馬城陥落によって、今川氏の駿河・遠江平定が成ったのである。

今川氏親の治世

叔父早雲が相模で検地《けんち》を行っていたことは甥の氏親も知っていたと思われる。あるいは早雲から「検地をやったらどうだ」といわれていたのかもしれない。氏親がいつから検地をはじめたかはわからないが、現在、史料的にうかがえる最初は永正十五年（一五一八）の遠江国相良荘《さがら》（静岡県牧之原市）における検地である。そのほか、氏親が行ったとみられる検地はすべて遠江におけるものなので、新征服地における検地という位置づけだったものであろう。

なお、氏親の事績として注目されるのは分国法《ぶんこくほう》、すなわち戦国家法「今川仮名目録《かなもくろく》」の制定である。この「今川仮名目録」は、「一、譜代の名田《みょうでん》、地頭意趣無しに取り放つ事、之《これ》を停止《ちょうじ》し畢《おわんぬ》」ではじまる。これは百姓の田地を地頭、すなわち領主が没収する場合の規定で、「今川仮名目録」は以下、他国商人を支配する契約の禁止に至る三十三ヵ条から成っている。中には、所領の売却や質入、負債の取り立て、喧嘩・殺人、家臣の席次などに関する規定も決められ、他国との結縁《けちえん》についても三項目におよんでいる。

ふつう、氏親が一人で考え、制定したとされているが、実は、氏親は晩年の十年間ほどは中風《ちゅうぶう》で寝たきりだったといわれている。制定されたのが大永《たいえい》六年（一五二六）四月十四日で、亡くなったのがその二ヵ月後の六月二十三日だったことを考えると、その制定には氏親夫人寿桂尼《じゅけいに》が関わっていた可能性も高い。そのことと、「女戦国大名」誕生が関係していたように思われる。

三河に侵攻する今川義元

今川氏親の死後、家督を継いだのは氏親の長男氏輝《うじてる》だった。このとき氏輝は十四歳である。武将によっては十四歳でも立派に家督を継いだ者もいたが、氏輝の場合は若かっただけでなく、病弱だったのである。そのため、駿河・遠江二ヵ国を支配することができず、代わって母の寿桂尼が前面に出て、領国支配を行っている。そのため「女戦国大名」とよばれるわけであるが、病気がちの夫に代わって政治を執っていた経験があったことで、子の氏輝に代わることができたものと思われる。

その後、氏輝が政務を執れるようになった段階で、寿桂尼は前面に出なくなるが、天文《てんぶん》五年（一五三六）三月十七日、その氏輝が急死したことで、今川氏の内訌《ないこう》がはじまるのである。これが花蔵の乱で、その顛末についてはすでにふれたので、ここでは省略する。

この後、義元の教育係だった太原崇孚《たいげんそうふ》、すなわち雪斎《せっさい》が今川氏輝の菩提寺として建立された臨済寺の住職として招かれるとともに、義元の政治・軍事顧問として迎えられ、義元の軍師となって、このあとの今川氏の三河侵攻をリードすることになる。

雪斎像（臨済寺蔵）

義元が家督を継いだとたん、それまでの外交路線の大転換がはかられた。氏輝の時代までは甲斐《かい》の武田氏と戦っていたが、義元が家督につくとともに、親武田路線となり、武田信虎《のぶとら》（信玄《しんげん》の父）の娘が今川義元に嫁いでいるのである。ただ、この路線転換に怒った北条氏綱《うじつな》は翌天文六年（一五三七）二月、今川領の駿河に攻めこみ、富士川以東を占領している。これを「河東《かとう》一乱」とよんでいるが、途中、小康状態のときもあるので、天文十年（一五四一）の北条氏綱の死までを「第一次河東一乱」とよび、同十四年（一五四五）の争いを「第二次河東一乱」とよんだ。

注目されるのは「第二次河東一乱」の終わり方である。義元が武田信玄にも出陣を要請し、その年八月二十日、北条軍によって占領されていた駿東《すんとう》郡の長久保城《ながくぼ》（静岡県駿東郡長泉町《ながいずみ》）を攻めたが、このとき、義元の軍師雪斎は北条氏の背後にいる山内上杉憲政《やまのうちうえすぎのりまさ》に手をまわし、北条方の河越《かわごえ》城を攻めさせるよう働きかけたため、氏綱の跡を継いだ北条氏康は、いつまでも駿河に出陣しているわけにはいかないと判断して兵を引いているのである。武田信玄の軍師駒井高白斎《こまいこうはくさい》の日記『高白斎記』によると、同年十月二十四日、山内上杉憲政・義元・氏康の「三方輪ノ誓句」が届き、停戦になったという。十一月六日、北条軍は長久保城を出て、相模にもどってゆき、ここにおいて、義元は駿河全域を取りもどすことに成功したのである。

実は、この天文十四年の義元と氏康との和睦は、その後の義元にとって大きな意味をもったのである。東が安全になったことで、遠江から三河になかなか侵攻できなかった障害が取り除かれた。そして、いよいよ本格的に三河侵攻に取り組むことになる。そこで、つぎにそのころの三河の状況をみておきたい。

今川氏と織田氏にはさまれる松平氏

徳川氏の元の姓は松平氏である。家康以降に作られた系図では、松平氏は清和《せいわ》源氏の末流ということになっている。簡略化すると、新田義重《にったよししげ》の末子義季《よしすえ》が、上野《こうずけ》国新田郡世良田《せらだ》村徳川郷（群馬県太田市徳川町）に住み、徳川（得川）氏を称し、さらにこの義季を始祖とし、頼氏《よりうじ》―教氏《のりうじ》―家時《いえとき》―満義《みつよし》―政義《まさよし》―親季《ちかすえ》―有親《ありちか》と続き、親氏《ちかうじ》という人物に至ったとする。この親氏は徳阿弥《とくあみ》という時宗《じしゅう》の僧となって諸国をめぐるうちに三河国松平郷（愛知県豊田市松平町）の土豪松平太郎左衛門信重《のぶしげ》の娘婿となり、松平親氏と名乗ったという。

初代親氏・二代泰親《やすちか》のころは明確ではないが、三代の信光《のぶみつ》のころから事跡は少しずつはっきりしてくる。信光のときの文明《ぶんめい》初年（一四六九年ごろ）、松平郷から安城《あんじょう》（愛知県安城市）に進出し、以来、四代親忠《ちかただ》・五代長親《ながちか》・六代信忠《のぶただ》・七代清康《きよやす》と続く。十四松平とか十八松平といわれる庶流家が出るが、この安城松平氏が嫡流とされている。

松平氏が西三河の平定をほぼ終えるのは五代長親のときで、その子信忠の段階で一時後退するものの、清康に至り、戦国大名化を遂げることになる。清康は大永三年（一五二三）、わずか十三歳で家督を継ぎ、岡崎城を奪って居城とし、東三河の牧野氏や、田原《たはら》城の戸田氏を切り従え、ついには尾張の織田《おだ》氏とも戦うようになり、そのままの勢いだと三河一国を支配するのも時間の問題と思われた。ところが、その清康が天文四年（一五三五）十二月五日、尾張の守山《もりやま》に出陣中、家臣の阿部弥七郎《あべやしちろう》という者に殺されてしまうというアクシデントがあった。「守山崩れ」といわれている。

清康が殺されたとき、嫡男広忠《ひろただ》はわずか十歳だった。叔父にあたる桜井松平信定《のぶさだ》がまず動き、岡崎城を押領したため、広忠は伊勢に逃れていった。そのころ、家督を継いだばかりの今川義元は、三河の安定化をはかろうと同じ足利一門の三河在住の東条《とうじょう》吉良《きら》持広《もちひろ》と連携し、まず広忠を三河国に復帰させ、同六年六月二十五日、広忠は岡崎城にもどることになった。しかし、そのころの松平氏は清康のときのような力はなかった。

弱体化した三河に目をつけたのが尾張の織田信秀《のぶひで》である。尾張守護は斯波氏で、その守護代をつとめたのが織田氏だった。守護代織田氏は二家に分かれ、織田の嫡流とされる織田伊勢守信安《いせのかみのぶやす》が岩倉《いわくら》城（愛知県岩倉市）に拠って、上四郡、すなわち丹羽《にわ》・羽栗《はぐり》・中島・春日井《かすがい》の四郡を領し、下四郡、すなわち海東《かいとう》・海西《かいさい》・愛知《えち》・知多《ちた》の四郡は、守護斯波義統《よしむね》を奉ずる織田大和守信友《やまとのかみのぶとも》が領有し、清須《きよす》城（愛知県清須市）に拠っていたのである。

信長の家系の織田氏は、それら守護代織田氏の一族で、下四郡守護代織田信友の家臣にすぎなかった。信友に織田因幡守《いなばのかみ》・同藤左衛門《とうざえもん》・同弾正忠《だんじょうのじょう》という三人が、三家老とか三奉行といわれていたが、その一人織田弾正忠が信秀、つまり信長の父だったのである。

信秀の居城は勝幡《しょばた》城（愛知県愛西市および稲沢市）で、そこは木曽川舟運で栄えた津島湊の近くだった。信秀は商品流通経済をバックに勢力をのばし、やがて尾張の中央部に討って出て、二人の守護代をも凌駕するに至った。信秀が尾張今川氏の今川氏豊《うじとよ》を逐って那古《なご》野《や》城に入ったのは天文七年（一五三八）といわれている。二人いる守護代の一方の重臣にすぎない信秀であるが、そのころにはすでに尾張を代表する勢力となっていたことがわかる。

信秀は尾張から勢力をさらに美濃《みの》にのばそうとしていた。まず天文十三年（一五四四）九月、美濃に攻め入ったが、斎藤道三《さいとうどうさん》の逆襲にあい、大敗を喫している。それから三年後の同十六年にも、稲葉山《いなばやま》城下の加納口《かのうぐち》まで攻めこみながら敗北しているのである。このときの戦いでは、信秀の弟信康をはじめ、一族のかなりに犠牲が出ていた。

そこで信秀は、斎藤道三と戦うのは不利と考え、手を結ぶことを考えた。『信長公記《しんちょうこうき》』は、このときのこととして、「去《さ》て平手中務《ひらてなかつかさ》才覚にて、織田三郎信長を斎藤山城道三聟《むこ》に取結び、道三が息女尾州へ呼取り候キ、然《しか》る間何方も静謐《せいひつ》なり」と記している。平手中務政秀《まさひで》は周知のように信秀の家臣で、信長の傅役《もりやく》である。家臣の身でこうした婚姻を取りもつことができたというのもおもしろい。

この「道三が息女」というのが濃姫《のうひめ》の名で知られている女性である。ただ、たしかな史料には名前が出てこない。江戸時代の地誌には帰蝶《きちょう》とみえるが、これも確実ではない。道三の娘が信長に嫁いだのは翌天文十七年（一五四八）秋のことであった。信長は天文三年（一五三四）の生まれなので、このとき十五歳。濃姫は翌四年の生まれといわれているので一つ下の十四歳ということになるが、濃姫については、信長との結婚前に別の男性と結婚していたとする史料もあり、もしかしたら、年齢は濃姫の方が上だったかもしれない。

いずれにせよ、信秀は道三との講和によって、後方は安全とみて全力で三河侵攻に動き出すことになる。

ちょうど同じころ、今川義元も後方は安全とみて、三河への侵攻に動き出し、尾張と遠江にはさまれた三河の松平広忠は、二大勢力織田・今川の間で苦悶することになる。

第二章　家康の誕生から桶狭間の戦いまで

家康誕生のころの三河

　家康は天文十一年（一五四二）十二月二十六日、三河の岡崎城（愛知県岡崎市）で生まれた。父松平広忠は十七歳、母於大《おだい》の方は十五歳であった。幼名を竹千代といった。

　広忠は今川義元の援助によって岡崎城に復帰した経緯からも明らかなように、親今川派で、於大の方の父、刈谷《かりや》城主の水野忠政《みずのただまさ》も今川寄りであった。ところが、忠政が没し、あとを信元《のぶもと》が継ぐと、信元は織田信秀方となったのである。「敵方になった者の妹を妻としておくわけにはいかない」と、広忠は於大の方を離縁してしまった。竹千代は天文十三年、母と生き別れとなった。まだ三歳のときのことである。

　第二次河東一乱が終結し、東からの脅威がなくなったと判断した今川義元は、いよいよ同十五年（一五四六）十月から本格的な三河侵攻に踏みきっている。先鋒を命ぜられたのは、遠江の国人領主で、今川氏の軍門に降った犬居《いぬい》城（静岡県浜松市天竜区）の天野《あまの》氏や井伊谷《いいのや》城（同北区）の井伊氏であった。天野氏では天野景泰《かげやす》、井伊氏では井伊直宗《なおむね》（直平の子）の名が知られている。そして、今川軍を率いる大将は義元の軍師太原崇孚、すなわち雪斎であった。

このとき、今川軍が最初の攻撃目標としたのが東三河の今橋城（愛知県豊橋市）である。この今橋城はのちに吉田城とよばれるが、このころの城主は戸田金七郎宣成《のぶなり》だった。今橋城の戦いは、同年十一月十五日にくりひろげられ、まず「外構」が崩され、ついで「宿城《しゅくじょう》」が落とされたことがわかる。注目されるのは、このときの今川軍に岡崎城の松平広忠の軍勢も加わっていた点である。『岡崎古記』に、「天文十五年、今橋に戸田金七郎在城せしに、同十月、駿河勢と岡崎勢と今橋へ押寄合戦す。此時、石川式部・酒井将監《しょうげん》・阿部大蔵等、吉田にてよく働き落城す」と記されている。

「守山崩れ」のあと、伊勢へ亡命した松平広忠の岡崎復帰に手を貸したのが今川義元で、その後の松平氏は今川軍の一員と位置づけられていたことがうかがわれる。そして、義元としては、その後の三河侵攻戦を有利に戦うため、松平広忠のさらなる従属化をはかろうとして、広忠の嫡男竹千代を人質として出すよう要求した。広忠としては、織田信秀の脅威から身を守るためにも、今川氏の保護が必要と考え、それに応じ、同年八月二日、竹千代を駿府の今川義元のもとに送り出しているのである。

この日、竹千代一行は、岡崎から西郡《にしごおり》（愛知県蒲郡《がまごおり》市）に出、舟で大津（愛知県豊橋市老津《おいつ》町）に渡り、そこから陸路をとって駿府に向かう予定であったが、途中、田原城の戸田宗光・堯光《たかみつ》父子が言葉巧みに舟で行く方が安全だと勧めたため、竹千代一行は舟に乗ってしまったのである。すると、その舟は駿河には向かわず、尾張に行き、織田信秀の人質とされてしまったという。

信秀はすぐ松平広忠に、「竹千代を人質に取った。味方になれ」と命じたが、広忠は、「竹千代は今川義元に人質としてだしたもの。命令には応じられない」と断っている。人質を横取りされた今川義元は怒り、ただちに天野景泰らに命じ、戸田宗光・堯光父子の居城田原城を攻めさせ、九月五日、田原城は陥落した。宗光はそこで討ち死にしたといわれている。

これが従来からの通説であるが、途中でだまされて織田方に連れていかれたのではなく、松平広忠が織田信秀と戦って敗れ、自らわが子竹千代を人質に出したとする解釈もある。新潟県三条市の「本成寺文書」所収、菩提心院日覚書状《ぼだいしんいんにっかく》に注目した村岡幹生氏は、「織田信秀岡崎攻落考証」(『中京大学文学会論叢』第一号)という論文で、日覚書状に「岡崎弾かう参之分にて、からからの命にて候」とある部分を、「岡崎城の松平広忠は織田弾正忠信秀に降参し、からからの命となっている」と読み、信秀が広忠を破り、広忠から竹千代を差し出させたと解釈したのである。今川軍による戸田宗光の田原城攻めとの整合性など、解決しなければならない問題もあり、勝った側の誇大宣伝が越後に伝えられた可能性もあるので、今後の検討は必要であるが、一石を投じた問題提起ということはいえる。

さて、竹千代が信秀の人質に取られている間の天文十八年（一五四九）三月六日、広忠が二十四歳の若さで没している。近臣の岩松八弥に斬殺されたともいうが、病死ともいわれている。

竹千代は人質交換で駿府へ

松平広忠の死を知った今川義元の動きは早かった。竹千代が織田方の人質に取られているので、松平氏の去就を心配したからである。広忠は、信秀から「竹千代を人質に取った。織田方につけ」といわれたとき、「竹千代は今川方に人質として出したもの。織田方につくいわれはない」とつっぱねていたわけであるが、広忠が亡くなった段階で、松平氏の意向がどうなるか予断を許さなかったからである。

そこで義元は、すぐさま重臣の朝比奈泰能《あさひなやすよし》、鵜殿長持《うどのながもち》らに岡崎城を接収させ、松平氏の重臣の何人かを人質に取っている。これは、松平家臣団が織田方になるのを防ぐのが目的だった。そうした上で義元は、雪斎を大将とする七千の兵で安城城（愛知県安城市）を攻めさせている。実は、安城城を攻めたのには理由があったのである。

広忠の死の半年ほど前、具体的には天文十七年三月十九日に、岡崎城近くの小豆坂《あずきざか》（愛知県岡崎市）で今川軍と織田軍の戦いがあった。小豆坂の戦いといわれている。その模様は大久保彦左衛門忠教《おおくぼひこざえもんただたか》の『三河物語』に、「弾正之忠之方ハ二度追帰サレ申。人モ多打タレタレバ駿河衆之勝と云」とあるように、信秀側の敗北で、信秀は長男信広《のぶひろ》を安城城に置いて、自らは尾張に兵を引いていった。雪斎がねらったのはその安城城の織田信広だった。

安城城が岡崎城に近いというのも理由である。いつ安城城から織田軍が攻めてくるかわからない。しかし、雪斎のねらいは別だった。信秀の長男信広を生け捕りにし、人質として、尾張に取られている松平竹千代と人質交換をすることを考えたのである。

七千の大軍を率いた雪斎は、天文十八年（一五四九）十一月八日、安城城に突然攻撃をかけた。信秀の援軍が駆けつけてくる余裕を与えない電撃作戦である。この日の戦いで安城城の三の曲輪《くるわ》・二の曲輪が落とされ、本曲輪だけになった。戦いの前、雪斎は「信広を殺すな。必ず生け捕りにせよ」と命じている。

翌九日、本曲輪も落ち、作戦通り信広は生け捕られた。このあと、雪斎は信秀に信広を生け捕ったことを伝え、竹千代との人質交換を申し出ているのである。信秀としては予想外の展開だったと思われるが、竹千代を人質としていても松平家臣団が味方になるあてもなかったので、その申し出に応じ、結局、十一月十日、尾張の笠寺《かさでら》（愛知県名古屋市南区）で人質交換がなされ、竹千代はあらためて、今川氏の人質として駿府に連れていかれることとなった。

このとき竹千代は八歳である。岡崎城にもどることができたのもつかの間で、十一月十二日に亡き父広忠の墓に詣でたりして、早くも二十七日には駿府に向かっている。

その駿府は戦国城下町としてにぎわっていた。義元の居館である駿府今川館を中心にして、重臣たちの屋敷が建ち並び、商人・職人たちの集住もみられ、そうした中に、甲斐の武田氏や、相模の北条氏からの人質屋敷もあり、松平氏の人質屋敷もその一つであった。ただ、それが具体的にどこにあったのかについては、史料によって記述がまちまちで、よくわかっていない。

たとえば、『松平記』では「宮の前《さき》に御屋敷あり」と記し、『武徳編年集成《ぶとくへんねんしゅうせい》』は「宮ヶ崎」としている。この「宮の前」あるいは「宮ヶ崎」という表記から、江戸時代の地誌編纂者は、駿府の宮ヶ崎町（静岡県静岡市葵区）にある報土寺《ほうどじ》という寺の周辺と推定している。

ところが、大久保忠教の著した『三河物語』には、「駿府の少将の宮の町」とある。江戸時代の地誌編纂者は、「宮の前」あるいは「宮ヶ崎」の「宮」を浅間《せんげん》神社と考え、その近くの場所とみたわけであるが、「少将の宮」となると場所がちがってくる。これは少将《しょうしょうの》井《い》社《しゃ》のことで、駿府今川館の南に隣接するあたりということになる。

六歳から八歳までの尾張人質時代、竹千代がどのような教育を受けたかはまったくわからない。ただ、駿府人質時代はよい教育者に恵まれていた。そのうちの一人、雪斎についてはつぎに項をあらためてみていくことにするが、もう一人源応尼《げんのうに》についてはここでふれておきたい。

源応尼は、死後、華陽院《けよういん》とよばれ、現在、華陽院に墓があるが、彼女は竹千代の祖母である。つまり、母於大の方の母で、竹千代が駿府に人質となってきたとき、智源院《ちげんいん》という寺にいた。竹千代の人質屋敷から近く、竹千代はこの智源院に通い、祖母から読み書きを習ったといわれている。

人質というと、座敷牢とまではいかなくとも、監視の目が厳しく、自由がなかったように思われているが、竹千代の場合、比較的のびのびしていたようで、いくつかのエピソードからもそのことがうかがわれる。たとえば、義元の父氏親の菩提寺である増善寺《ぞうぜんじ》にお参りしたとき、境内に野鳥がいっぱいいるのをみて、「鷹狩りをしたい」といって住職にしかられたり、駿府今川館で正月の年始のとき、縁先から放尿して諸将をびっくりさせることもあった。そして、何より注目されるのは、雪斎から教えを受けたことである。

雪斎の教えを受ける竹千代

竹千代が人質の身でありながら、なぜ義元の軍師といわれる雪斎の教えを受けることになったのかについては、そのあたりのいきさつを書いたものがないのでわからない。雪斎の方から、自分の作戦によって取りもどした竹千代の教育にあたりたいといい出したのか、義元の方からの要請だったのかもわからない。義元としては、自分の後継者氏真《うじざね》と年齢の近い竹千代を見こんで、将来、氏真の補佐役となることを期待してのことだったのかもしれない。

現在、静岡市の臨済寺に「竹千代手習いの間」という小さな部屋がある。そこで竹千代は雪斎からの教えを受けたといわれている。もっとも、竹千代が通っていたころの臨済寺は、その後、武田信玄が駿府に攻め入ったときの兵火で焼けているので、現在の「竹千代手習いの間」はその後の復元ということになるが、竹千代が雪斎の教えを受けていたことは事実である。

では、竹千代はどのような教育を受けていたのだろうか。当時、武将たちの子弟は「四《し》書《しょ》」とよばれる『大学』『中庸《ちゅうよう》』『論語』『孟子《もうし》』のほか、「五経《ごきょう》」とよばれる『易経《えききょう》』『詩経』『書経』『春秋』『礼記《らいき》』を必読文献としていた。それにプラスして「武経七書《ぶけいしちしょ》」というものがあった。『孫子《そんし》』『六韜《りくとう》』『三略《さんりゃく》』『呉子《ごし》』『司馬法《しばほう》』『尉繚子《うつりょうし》』『李衛公問対《りえいこうもんたい》』という七つの兵法書である。

祖母の源応尼からは「いろは」を教えられたり、和歌の作り方などの手ほどきは受けたと思われるが、これら「四書」「五経」「武経七書」は漢文で書かれており、五山文学で漢文を鍛えられている禅僧たちでないと教えられなかったものと思われる。京都大学附属図書館所蔵の『武辺咄聞書《ぶへんばなしききがき》』には「幼少より臨済寺の雪斎にたより、兵書を読習給ふ」とある。

兵法書というと、何となく戦略・戦術など戦い方のテクニックに関することが書かれているとの印象があるが、意外と、リーダーはいかにあるべきかなど、一種の帝王学に近い内容も含まれている。たとえば、『六韜』には「身を楽しむる者は、久しからずして亡ぶ」という言葉がある。また、『司馬法』には「国大なりといえども、戦いを好めば必ず亡ぶ」とある。家康が好んで口ぐせのようにいっていたという「天下は一人の天下にあらず、すなわち天下の天下なり」という言葉も『六韜』にある。家康は、雪斎から、将来のリーダーとしての心構えを徹底して教えこまれたのではなかろうか。

天文二十四年（弘治《こうじ》元・一五五五）三月、十四歳になった竹千代は、元服し、松平次郎三郎元信《もとのぶ》と名乗ることになった。元信の「元」の字は義元の偏諱《へんき》を受けたものである。元服の式は駿府の今川館で行われ、加冠は義元、理髪は関口義広《せきぐちよしひろ》がつとめた。ただ、この年閏十月十日、雪斎が亡くなっている。なお、このあと元信から元康《もとやす》、さらに家康と名を変えていくことになるが、煩雑になるので、ここからは家康と表記することにする。

翌弘治二年、家康は久しぶりに故郷岡崎の土を踏むことができた。もちろん、義元の許可を得てのことであるが、亡父広忠の法要を営むための一時帰郷ということになる。このとき、家康は領内を巡検している。そして、六月二十四日付で三河大仙寺《だいせんじ》に寺領を寄進し、あわせて禁制《きんぜい》を下しているが、これは現在知られている範囲で、家康が発給した文書の初見である。また、この一時帰郷のとき、松平氏の老臣鳥居忠吉《とりいただよし》がひそかに家康を蔵に案内し、蓄えた米・銭をみせ、「岡崎城復帰の際、松平再興の資として使ってほしい」といい、家康を感激させるという一齣《ひとこま》もあった。

翌弘治三年（一五五七）正月十五日、家康は駿府今川館で関口義広の娘と結婚した。関口義広は元服の際、理髪の役をつとめた義元の重臣である。名乗りは系図によって親永《ちかなが》としているものもある。

さて、その関口義広の娘であるが、ふつう、義元の姪といわれている。つまり、義広の妻が義元の妹だったからである。ところが、実の妹ではなく、養妹だったことがいくつかの系図から浮き彫りになってきた。関口義広の妻となった女性は、井伊直平の娘だったというのである。直平が今川義元に服属することになったとき、直平は娘を義元に人質として出した。すると、義元はその娘を気に入り、側室にしたのである。どのくらいの期間、側室となっていたかわからないが、やがて、側室を妹ということにして家臣の関口義広に嫁がせている。いわゆる「拝領妻」である。その女性から生まれたのが瀬名《せな》姫、すなわち、家康の正室となり、のちに築山《つきやま》殿とか築山御前とよばれるようになる娘であった。

桶狭間の戦いと家康および井伊氏

永禄《えいろく》元年（一五五八）二月、家康は三河国加茂郡の寺部《てらべ》城（愛知県豊田市）攻めに向かった。これが家康の初陣で、鈴木日向守重辰《ひゅうがのかみしげとき》を破っている。翌二年には長男の竹千代（のちの信康《のぶやす》）も生まれ、今川方の一部将としての役割を果たしていた。

そのころ、今川氏の勢力は尾張にものびていて、鳴海《なるみ》城・大高《おおだか》城（ともに愛知県名古屋市緑区）は今川方になっていた。翌永禄三年（一五六〇）五月、義元は二万五千の大軍で尾張に攻めこむ軍事行動をおこした。このときの出陣について、古くは上洛のためといわれてきたが、現在では尾張奪取、すなわち織田信長と雌雄を決するための出陣だったのではないかと考えられている。

先鋒を命じられたのが家康と井伊直盛《なおもり》（直宗の子、直虎の父）で、二人は五月十日、駿府を出発した。十八日、義元は沓掛《くつかけ》城（愛知県豊明市）に入り、家康に、鵜殿長照《ながてる》の守る大高城への兵糧入れを命じている。大高城は織田領に深く入りこんだ今川方最前線の城で、十九日、義元が入る予定であった。

十九日早暁、大高城封鎖のために織田方によって築かれていた鷲津《わしづ》砦・丸根《まるね》砦（ともに愛知県名古屋市緑区）に対する今川方の攻撃がはじまり、二つとも落とされている。二砦が攻められていると知った信長が、急遽清須城を飛び出し、鳴海城封鎖のために築いていた善照寺《ぜんしょうじ》砦に入り、桶狭間山《おけはざまやま》で休憩していた義元本隊に奇襲攻撃をかけている。これも、従来は迂回奇襲とされてきたが、迂回はしておらず、善照寺砦・中島砦を通って桶狭間に接近したことが明らかとなっている。

この日、信長は「義元が輿《こし》に乗って出陣している」との情報を得ており、「桶狭間山に休憩中の義元本隊を攻撃せよ、輿が目印になる」という命令を下せたものと思われる。こうして、義元は、二万五千の兵を擁しながら、わずか二千の信長に首を取られてしまったのである。

井伊直盛の戦死

この五月十九日の桶狭間の戦いで、義元の側にいた井伊直盛は討ち死にしている。直盛だけでなく、直盛の家臣も何人か討たれており、今川氏だけでなく、今川家臣のそれぞれの家においても危機的状況が生まれているのである。
大高城で、その日の夕方到着するはずの義元を待っていた家康のところに、義元敗北の第一報が届けられたのは夕方のことといわれている。ふつうは、すぐ退却するところであるが、すでにあたりは暗くなっていて、家康は落武者狩りを警戒して、すぐには動かなかった。夜になって、水野信元の使者が岡崎への退避を勧告してきた。信元はすでに信長の重臣の地位にあり、甥にあたる家康の身を案じていたのである。家康はその使者を抑留し、翌日、明るくなったところで、その使者を先頭に立てて城を出ていったといわれている。

岡崎にもどったところ、岡崎城にはまだ今川氏の兵が駐屯していた。そこで家康は松平氏の菩提寺である大樹寺《だいじゅうじ》に入っている。そのとき、落ちこんでいる家康に対し、住職の登誉《とうよ》上人が、「厭離穢土《おんりえど》、欣求浄土《ごんぐじょうど》」の八文字を授けたといわれている。これは、恵信僧《えしんそう》都源信《ずげんしん》の著した『往生要集』にみえる言葉で、家康はこのあと、この八文字を軍旗として使っている。

岡崎城にいた今川勢がすべて駿府に引きあげるのをみはからって、家康は二十三日に岡崎城に入った。岡崎衆としては、天文十八年に広忠が死んで以降、今川方に接収されていた岡崎城を取りもどした形となった。このあと、通説では、家康から義元の子氏真に弔い合戦を勧めたとしている。しかし、氏真がまったく動こうとしなかったので、家康は独自の動きをするしかなかったといわれてきた。ところが、このあとの家康の動きはやや微妙なのである。

第三章　家康の自立と清須同盟

今川氏から自立する家康

これまでの通説では、岡崎城にもどった家康は、今川方として氏真に弔い合戦を勧めるとともに、自らも今川軍の一員という位置づけで織田方と三河・尾張国境付近の挙母《ころも》・広瀬・伊保《いほ》・梅ヶ坪・沓掛あたりで戦ったとされてきた。

ところが、平野明夫氏は「織田・徳川同盟は強固だったのか」（日本史史料研究会編『信長研究の最前線』）において、水野信元領を除くこれらの場所は当時今川領なので、家康は早くも今川領の攻撃に動き出したと捉えた。つまり、義元の死後、岡崎城への復帰を果たした家康は、早くも今川氏からの自立をはかったことになる。岡崎領は本来、松平領だったわけで、家康の思いとしては今川氏からの自立というより、父祖の地を回復したという気持ちだったかもしれない。

ここで少し不思議に思うのは、今川氏真が何ら動かなかったのは当然だったとしても、義元を討った織田信長が、そうした家康の軍事行動に対し、みてみぬふりをしていたことである。もしかしたら、岡崎復帰直後から、家康は伯父にあたる水野信元を通じて、信長と何らかのコンタクトを取っていたのかもしれない。おそらく早い段階で、信長・家康との間に領土協定が結ばれ、「三河は家康」ということになっていたのであろう。そうでなければ、家康が西三河だけでなく、東三河に侵攻していった理由が理解できない。

では、家康が東三河に軍事行動をおこしたのはいつからなのだろうか。現在のところはっきりしているのは、永禄四年（一五六一）四月からである。四月には宝飯《ほい》郡牛久保《うしくぼ》城を攻めていることが知られ、そのあと、五月には八名《やな》郡宇利《うり》城、さらには設楽《したら》郡富永口というように戦線がのびていったことがわかる。

さすがにこのころになると今川氏真も危機意識をもち、氏真発給文書に「岡崎逆心」とか「松平蔵人《くらんど》逆心」、さらには「三州錯乱」や「参州忩劇《そうげき》」といった言葉がみえはじめる。たとえば、永禄四年六月十七日付奥平貞勝宛今川氏真感状写（「松平奥平家古文書写」『愛知県史』資料編11）を読み下しにして引用すると、つぎのようになる。

今度松平蔵人逆心の刻、入道父子覚悟をもって別条無きの段、喜悦《きえつ》に候。弥《いよいよ》境内調略の事専要に候。この旨親類・被官人に申し聞かすべく候。猶、随波斎・三浦右衛門大夫申すべく候。恐々謹言

（永禄四年）六月十七日　（今川）氏真判

奥平道紋（貞勝）入道殿

ここに「松平蔵人」とあるのがいうまでもなく家康で、家康が三河で自立しはじめたことに対し、あたふたしていることがわかるとともに、家中の引きしめをはかっている様子がうかがえる。

しかし、氏真には父義元ほどの軍事的力量や資質はなかった。それは、一つには、氏真が成長した時期、駿府に京下りの公家がたくさんいて、氏真自身は武芸よりも、和歌や蹴《け》鞠《まり》といった王朝文化にのめりこみ、武芸の鍛錬をしていなかったことがあった。また、もう一つ、氏真の成長期は、対外的に侵略はするが、攻められるということがほとんどなく、氏真は戦いに出ていった経験がなかったのである。

また、義元時代には、雪斎という有能な軍師がいたのに、氏真のまわりにはそういった人物がいなかった。これについてはおもしろいエピソードが伝えられている。武田方の史料『甲陽軍鑑《こうようぐんかん》』に、山本勘助《やまもとかんすけ》が今川氏の家中の様子を武田信玄に話をしているくだりで、今川氏に良い家老がたくさんいると述べ、特に雪斎の働きが抜群であるとしている。注目されるのはその先である。山本勘助は、「雪斎の働きがすごいので、もし雪斎が亡くなったら、残りの家老たちだけでやっていけるかどうか心配である。雪斎のような人物を探し出さなければ、今川氏はたちゆかないのではないか」といっている。

事実、雪斎が弘治元年（一五五五）に亡くなったあと、雪斎に代わる軍師は出ず、その五年後に義元は桶狭間の露と消えたわけである。氏真の側に、雪斎に比肩するような軍師がいなかったことが、家康には幸いしたことになる。

上ノ郷城の鵜殿兄弟生け捕り

桶狭間の戦い後、家康は岡崎城にとどまり、今川氏真と手を切り、三河で自立しはじめたわけであるが、気がかりなことがあった。それは、駿府に残してきた妻の築山御前と二人の子どものことであった。長男信康は永禄二年の生まれ、長女の亀姫は翌三年の生まれである。氏真が「松平蔵人逆心」というように、敵対しはじめたことがはっきりした時点で妻と二人の子どもは氏真の人質に取られた形となっていた。

家康としては、何とかこの三人を取りもどしたいと考え、一つの作戦を思いついた。それが人質交換作戦である。おそらく、かつて、義元の軍師雪斎が、三河安城城を攻め、そこにいた織田信秀の長男信広を生け捕りにし、信秀のところにいた自分と人質交換をした体験がヒントになったものと思われる。家康は、雪斎がやった人質交換作戦をまねることにした。

　ターゲットに選んだのが三河の上ノ郷城《かみのごう》（愛知県蒲郡市）である。そのころの城主は鵜《う》殿長照《どのながてる》で、長照の妻は今川義元の妹といわれている。城には長照のほか、子の氏長《うじなが》・氏次《うじつぐ》兄弟がいて、今川氏真とは従兄弟の関係であった。家康は、この氏長・氏次兄弟を生け捕りにすれば、氏真も家康妻子との人質交換に応じてくるのではないかと考えた。

　もっとも、『改正三河後風土記』では生け捕りにしたのを氏長・氏次ではなく、長照《ながてる》・長忠《ながただ》としていて人名にちがいがある。同書によれば、家康は松井忠次《まついただつぐ》・久松俊勝《ひさまつとしかつ》らに命じ、甲賀忍者の伴太郎左衛門資家《ばんたろうざえもんすけいえ》ら八十余人を用い、城内に忍び入らせ、鵜殿長持の子長照・長忠を生け捕りにしたとする。

　しかし、『寛政重修諸家譜《かんせいちょうしゅうしょかふ》』などによると、長持はすでに弘治三年（一五五七）に没していることが明らかで、このころの城主は長照なので、生け捕られたのは長照の子氏長と氏次兄弟だったことはまちがいない。

　ではこの家康軍による上ノ郷城攻めはいつのことだったのだろうか。前述の『改正三河後風土記』は何を根拠にしたのかわからないが、永禄五年（一五六二）三月十五日とする。「正行院過去帳」には長照が同年二月四日に死んだことが明らかなので、上ノ郷城の落城も二月四日とみてよいのではないかと思われる。

　このあと、生け捕りにされた氏長・氏次兄弟は、家康の家臣石川数正《いしかわかずまさ》に連れられて駿府に向かっている。数正は今川氏真と交渉し、家康の妻子と鵜殿兄弟の人質交換を成功させている。ちなみに、家康の妻が築山殿とか築山御前とよばれるようになるのはそれからで、岡崎城の築山に由来するという。城内の築山に別棟を建ててもらって、そこに住んでいたとする説と、城外の築山という場所に屋敷をもらって住んでいたとする説があり、どちらかはわからない。

ただ、注目されるのは、結婚して立て続けに長男・長女に恵まれた家康と築山殿であったが、このあと、二人の間に子は生まれていない。夫婦別居の形だったのではないかと思われる。築山殿としては、母が今川義元の養妹とはいえ、一族意識があり、その義元を討った織田信長に接近し、今川氏を裏切った形の家康を赦せなかったのかもしれない。おそらく夫婦仲は冷めきっていたのであろう。

しかし、家康としては、妻と二人の子どもを取りもどしたことになるので、このあと、今川氏との対決姿勢をさらに強めていくことになる。歴史に「もしも」はあまりいえないが、ただ、このとき家康が妻子を取りもどしていなければ、悲惨な結末が予想されたことは確かであった。というのは、このころ、今川氏真は、三河の形原松平家広《かたのはらまつだいらいえひろ》・西郷正勝《さいごうまさかつ》・菅沼《すがぬま》定勝《さだかつ》・菅沼定盈《さだみつ》といった田峯《だみね》・長篠《ながしの》・野田方面の諸将があいついで今川を離れたとき、吉田城内に取っていた妻子ら人質を城下の龍拈寺《りゅうねんじ》に引き出し、そこで串刺《くしざし》の刑で殺しているからである。家康の妻子、重臣たちの妻子もそのような目にあうことは火をみるより明らかだったのである。

織田信長との同盟

今川の手を離れ、自立したといっても、家康単独で生き残ることはできない。誰かと同盟を結ぶか、誰かの傘の下に入らなければ生き残れないのが戦国時代であった。

家康の場合は、すでにみたように、伯父にあたる水野信元の仲介で、織田信長との間に領土協定はできていた。信長としても、桶狭間の戦いで今川義元を破ったとはいえ、美濃の斎藤義龍《よしたつ》は強敵であり、できれば背後を安全にして、対斎藤戦略に力を集中したいと考えていたからである。そして、従来の通説では、永禄五年（一五六二）正月十五日、家康が信長の居城である清須城を訪ね、そこで同盟を結んだとしている。いわゆる清須同盟の締結である。ちなみに、清須城は清洲城とも書かれる。文献的に、永禄期の史料には清須城の字が多く使われ、天正期の史料には清洲城の字が使われることが多くなっているので、清須城が次第に清洲城に変わっていったことがうかがわれる。

通説のもとになったのは、江戸時代、幕臣木村高敦《きむらたかあつ》によってまとめられた家康一代記『武徳編年集成』である。そこに、家康が永禄五年正月十五日に清須城を訪ね、同盟締結に至ったいきさつが詳細に書かれていた。同書によると、信長は「和儀（議）早速御許諾欣然タリ、此上ハ両旗ヲ以テ天下統一スベシ、今ヨリ水魚ノ思ヲナシ、互ニ是ヲ救ン事聊モ偽リ有ベカラズ」といって起請文《きしょうもん》を記し、牛王宝印《ごおうほういん》のつもりで紙に「牛」と書いて、それを三つにちぎり、信長・家康・水野信元の三人で茶碗の水に浮かべて飲んだという。水野信元が入っているのは、彼が仲介役だったからである。

このことについては少し説明が必要かもしれない。昔から、お互いに約束ごとを取りきめたとき、「その約束は神に誓って絶対に背きません」といって起請文を取りかわすのが通例であった。そのときに使われる料紙がふつう牛王宝印という印を捺《お》した紙であった。一番有名なのは熊野那智《くまのなち》大社などの牛王宝印であるが、牛王宝印の捺された紙の裏の白紙部分に約束ごとを記し、最後に、神々の名前を列挙し、「神にかけて誓います」と約束したのである。

起請文の中に、よく「血判《けっぱん》起請文」というのがある。約束ごとを書いて、最後の署名部分に、刀で指を切り、その血をたらすもので、約束ごとを守るという意思の強いことをあらわしたものである。

こうして作成された起請文は、そのまま証拠文書として保存されるケースもあったが、多くの場合、約束ごとを取りきめた当事者が見守るところでこの起請文を焼き、その灰を水に浮かべ、それを「神水《しんすい》」といってくみかわす習慣があったのである。「一味神水」という言葉もある。信長がこのとき、牛王宝印のつもりで、ただの紙に「牛」という字を書き、それを焼かずに、焼いたつもりで三つに切り裂き、水に浮かべて飲んだというわけで、いかにも信長らしい合理的なやり方として受けとめ、実際にあったこととみられてきた。

ところが、最近の研究で、このパフォーマンスだけでなく、清須城で、信長・家康・信元の三者が会ったこと自体に疑問符がつけられるようになってきたのである。たとえば、本多隆成氏は『定本徳川家康』で、まず、『信長公記』『三河物語』『松平記』といった根本史料に清須で会見したことがみえないこと、また、家康に従って清須に赴いたとする武将たちの家譜類にそのことがみえないのも不思議だという。さらに、この時期、家康は今川方の軍勢と各地で戦っており、岡崎を離れることはできなかったのではないかとしている。

こうしてみると、たしかに家康が永禄五年正月十五日に清須城を訪ねたというのは後世、創作されたもののように思われる。年月日が特定されないが、二人が同盟関係にあったことはまちがいないところである。ただ、同盟というと、ふつうは対等ないし、対等に近い同盟とみるが、信長と家康の同盟は、はじめから対等ではなく、主従関係に近い同盟だったのが特徴であった。

なお、このころから、それまで松平元康と署名していたのが松平家康と変わっている。いうまでもなく、元康の「元」の字は今川義元の偏諱《へんき》だったわけで、「元」の字を捨てたことで、今川氏から完全に離れたことを宣言した形となった。では、それは、いつのことなのだろうか。

文書の署名をくわしく追いかけると、元康と署名した最後は永禄六年（一五六三）六月、松平三蔵直勝《さんぞうなおかつ》に与えた所領安堵状《あんどじょう》（「古文書集所収文書」）である。それに対し、家康と署名したのは、現在、確認されているところで、同年十二月七日付で本多豊後守広孝《ほんだぶんごのかみひろたか》に与えた所領宛行状《あてがいじょう》（「家忠日記所収文書」）である。つまり、その年六月から十二月までの間ということになるが「徳川幕府家譜」はもう少ししぼりこみ、同年七月六日に、義元の「元」を捨て、家康にしたとある。「徳川幕府家譜」が何を根拠にして七月六日としたかは明らかではないが、文書残存状態からみても矛盾はないので、その可能性はあるように思われる。

三河一向一揆を平定

家康の勢力が今川勢を逐《お》って西三河を平定した段階で、家康は一向一揆《いっこういっき》との戦いに引きずりこまれることになる。永禄六年（一五六三）九月である。一機が蜂起するきっかけについては史料によって異なり、通説とされているのは家康の家臣菅沼定顕《さだあき》が、佐々木の上宮寺《じょうぐうじ》（愛知県岡崎市）から兵糧米を強制徴収したことが一揆の原因となったという。

家康は上野城主（同岡崎市）酒井忠尚《さかいただなお》が今川氏と内通しているとし、それに備えるため、菅沼定顕に上宮寺の有する籾《もみ》を借りさせようとした。それが拒絶されたため、無理に奪取したことで、上宮寺側が門徒武士・農民に檄《げき》をとばし、一揆蜂起を招いたという。同じく『松平記』も上宮寺発端説をとっているが、『三河物語』および「永禄一揆由来」は本證寺《ほんしょうじ》（同安城市）発端説をとっている。それによると、野寺の本證寺境内の鳥井浄心《とりいじょうしん》（門徒の金融業者）と、岡崎の侍衆との間の紛争が火種になったという。

三河一向一揆の中心となったのは「三河三ヵ寺」とよばれる佐々木の上宮寺、野寺の本證寺と針崎《はりさき》の勝鬘寺《しょうまんじ》（同岡崎市）で、いずれも浄土真宗寺院である。家康がこの三河一向一揆に苦しめられたのは、家臣の中に一向宗信者がいて、家臣が家康に刀を向けてきたからである。中には一族で家康方、一揆方に分かれる者もおり、たとえば、本多氏では、広《ひろ》孝《たか》・重次《しげつぐ》は家康方であったが、正信《まさのぶ》は一揆方であった。石川氏も、家成《いえなり》・数正は家康方であったが、重康《しげやす》・正俊《まさとし》らは一揆方となっている。

家康は一揆方のゲリラ的攻撃に悩まされ、同年十一月二十五日には、針崎の一揆が岡崎城を攻めようとし、家康はそれを何とか小豆坂《あずきざか》で防ぐ一幕もあった。戦いは翌七年にもちこされ正月十一日の上和田《かみわだ》の戦いでは、家康自身銃弾を二発受けるほどであった。具足が固かったため、かろうじて命びろいをしたといわれている。

しかし、戦いもこのときがピークで、やがて、一揆勢の中から家康側に降伏してくる者が続出し、二月十三日に、上宮寺の一揆が岡崎城に攻撃をしかけたのを最後に、二十八日ごろまでにはだいたい平定されている。一揆側の吉良義昭《よしあき》・荒川義広《あらかわよしひろ》は上方に、酒井忠尚は今川氏真を頼って駿府に出奔した。一向宗寺院との最後の講和交渉で、家康は、寺院側の「寺院はもとのままに」という申し出を受けいれている。

ところが、一揆が鎮静化したとみるや、家康は一向宗寺院の破却を命じているのである。『三河物語』によると、抗議する僧たちに対し、家康は、「もとのままというのは、もとの原野にもどすことだ」と強弁して破却を強行させている。逆にいえば、こうした詭弁《きべん》を弄しなければ、三河一向一揆を鎮圧することはむずかしかったということである。

ちなみに、のちに「家康の懐刀《ふところがたな》」などといわれる本多正信は家康に降伏せず、三河を出奔し、大和、さらに加賀など各地を流浪し、結局、永禄十二年（一五六九）ないし翌元亀《げんき》元年（一五七〇）、大久保忠世《ただよ》の取りなしで帰参が叶《かな》っている。そのため、「帰り新参」などといわれている。

この一向一揆のとき、いくつかのエピソードも生まれている。たとえば蜂屋半之丞貞次《はちやはんのじょうさだつぐ》にまつわる話がある。彼は一揆側につき、最前線で戦う場面が多かったという。ところが、家康の姿をみると、こそこそ逃げまわったと伝えられている。信仰上、一揆側として戦いながら、主君に槍を向けることはできなかったからで、こんなところにも、主従関係と仏法との矛盾に悩む門徒武士の姿がみられる。

おそらく、家康としても、一揆側に加わった者を処罰すると松平家臣団が弱体化するのは目にみえているので、寛容な措置をしたものと思われる。

この後、家康は三河一向一揆鎮定の余勢をかって、東三河に軍勢を送りこみ、この年、すなわち永禄七年六月二十日から、酒井忠次に命じ、三河吉田城（同豊橋市）を攻めさせている。吉田城を守っていた氏真の家臣大原資良《おおはらすけよし》は退却し、吉田城も家康の手に入った。ついで本多広孝に命じて渥美郡の田原城（田原市）も攻めさせており、家康は三河一向一揆を平定してわずか四ヵ月のうちに東三河の征圧に成功している。

ここで家康は、三河を西三河と東三河に分け、西三河の中心は岡崎城、東三河の中心を吉田城とし、岡崎城を石川教正に、吉田城を酒井忠次にまかせる体制を作った。西三河管掌の家老が石川数正、東三河管掌の家老が酒井忠次というわけで、「両家老」といわれている。酒井忠次の下には、東三河の松平一族、例えば二連木《にれんぎ》城の松平康長《やすなが》、桜井松平の松平家次《いえつぐ》、福釜《ふかま》松平の松平親次《ちかつぐ》らを組下につける体制ができあがった。

＊『ＮＨＫカルチャーラジオ井伊直虎と家康』二〇一七年一月

NHK出版

第三部

駿府今川館と家臣団の城

第一章　幻の今川館はいずこに

初代範国から十代氏真に至るまで駿河守護・守護大名、そして戦国大名として君臨し続けた今川氏の守護館はどこにあったのだろうか。その位置を考えていく上で、一つのヒントになるのは、すでに江戸時代において今川館の場所がわからなくなっていたという点である。江戸時代に書かれた地誌の中には、現在の屋形町のところに館があったという解釈をしているものもあるが、仮にそうであれば、江戸時代に、もう少しその痕跡なり、伝承があってよさそうである。

「ヒントになる」といういい方をしたのは、戦国から江戸時代までの間に、今川館が抹殺されたことを示唆しているからである。わかりやすい例で説明しよう。

越前に朝倉氏という戦国大名がいた。五代義景が天正元年（一五七三）、織田信長によって滅ぼされたが、その居館だった一乗谷《いちじょうだに》の朝倉館《あさくらやかた》はそのまま放置されている。そのあと、越前に入った柴田勝家は一乗谷の朝倉館を使わず、少し離れたところに新しい城を築いた。これが北庄城であり、その近くに近世の福井城ができる。

つまり、一乗谷朝倉館のようにその後の歴史の過程で再利用されなければ、今川館の痕跡

駿府城と賤機山

が駿府周辺のどこかにあったはずだからである。それが、江戸時代の地誌などにも書かれておらず、現状でもみられないということは、今川館が、徳川家康によって築かれた駿府城の地下に埋まっているとしか考えられないのではなかろうか。

　幻の今川館をさがす上で、材料が全くないわけではない。古文書、古記録に書かれているというわけではないので、信憑性《しんぴょうせい》の点で問題がなくはないが、いくつかの伝承がある。

　一つは、四《よ》ッ《つ》足《あし》門である。いまの中町は昔は四ッ足町といった。これは、江戸時代、そこに駿府城の城門の一つ四ッ足門があったからである。しかし、近世城郭の門の名称で四ッ足門というのは珍しい。もしかしたら、それは、今川館の四ッ足門の名称がそのまま引きつがれたものかもしれない。事実、「四ッ足門は今川館の四脚門に由来する」という伝承もある。ということは、今川館は、四ッ足門のあったところより東側ということになる。

今川館址発掘

そうした伝承から、以前は、現在の静岡市立病院の建つあたりに今川館があったのではないかと推定されていた。

もう一つの伝承は、現在の沓谷《くつのや》の龍雲寺にかかわる伝承である。今川氏親の正室で、氏輝および義元の母にあたる寿桂尼が亡くなるとき、「遺骸を今川館の艮《うしとら》（東北の方向）に埋めよ。死して今川館を守ろう」と遺言し、それによって建てられたのが龍雲寺だというのである。ということは、龍雲寺から南西の方角に線を引いて、それと駿府城址とがぶつかったところということになる。

それで線を引くと、現在の旧市立青葉小学校、城内中学校あたりになり、さきの伝承でいう保健所・市立病院のあたりというのとちがってくる。ちょうど、駿府城をはさんで、北と南になってしまい、一致しない。

では、実際のところどうだったのだろうか。おそらく、当時の観念で、艮といっても、きっちり東北の方角に龍雲寺をたてたわけではないであろう。現在の駿府城公園の範囲に広げて考えても問題でないのでなかろうか。

昭和五十七年（一九八二）九月から十一月にかけて、駿府城の二の丸馬場址《ばばあと》の一部が発掘調査されたことがあった。そこに県立美術館を建てようという計画である。発掘調査の結果、各種絵図に記されていた通り、江戸時代の地表面には建物等はなく、馬場だったことが裏づけられた。しかし、念のため、それより下を掘ったところ今川時代の地表面が出、そこから、池や庭園、溝、井戸などの遺構が姿をあらわし、戦国時代に流通していた銭貨や陶器などが出土しはじめた。

堀立柱などによって確認された建物の規模からは、そこに今川館の本館があったとみることはできず、むしろ、泉殿などの建物のあり方や池の存在から、付属の庭園、ないしは、今川館をとりまく重臣屋敷の一つの庭園部分でないかと推定された。しかし、少なくとも、このときの発掘調査によって今川館に一歩近づいたことはまちがいない。

甲斐武田氏の躑躅ヶ崎館《つつじがさきやかた》は現在の甲府市の武田神社であるが、今川館もその規模、すなわち、約二〇〇メートル四方で考えてよいと思われる。

江戸時代駿府城の本丸の下に今川館の中心部は眠っているのではなかろうか。

＊小和田哲男監修『今川時代とその文化』一九九四年六月
公益財団法人静岡県文化財団

第二章　今川氏時代の駿府今川館再論

初代範国から駿府を本拠とした

駿河の守護・守護大名、さらに戦国大名へと発展した今川氏の場合、初期の段階では遠江守護をも兼ねていた関係で遠江とのつながりもみられるが、主たる根拠が駿河にあったことはいうまでもない。しかも、大塚勲氏が、通説としていわれてきた、「今川氏が駿府に入ったのは応永期、範政の段階である。」という見解に疑問をさしはさみ、既に初代範国の時から駿府を本拠にしていたのではないかという大胆な仮説①を発表されてから、今まで以上に、駿府を究明する重要性は増したものと考えられる。

大塚説の当否は別の機会に論ずることとして、本稿では、今川氏の時代、駿府館（あるいは府中館②）がどこにあったのかを明らかにしたい。江戸時代の地誌、たとえば『駿河記』あたりでも、今川氏時代の駿府館は屋形町にあったのではないかとするなど、古くより屋形町説と、現駿府城公園一画説とが併存していたことは周知のごとくである。

もっとも、最近の研究によって、屋形町説は否定され、現駿府城公園の一画にあったとする考えに固まりつつあり③、私自身も、それら先学の研究の驥尾に付しながら、『歴史読本』誌上に一文を草したこともあった[④]。しかし、同誌の性格上、また紙数の関係上、こまかい論証は一切省略したので、ここにあらためて、今川氏時代の駿府館について考えてみたい。

安倍川流路と等高線

中世の駿府の状況を考える場合、見おとすことのできないものは、当時の安倍川の流路である。現在の安倍川の流れで中世の駿府館なり駿府の町を考えると、とんでもない誤りをおかすことになる。

中世の流路については、今後、地質調査・考古学的調査等、隣接諸科学の応援をいただかざるをえないであろうが、現在知りうる範囲からも、大体の流路を想定することは可能である。その一つは、安東[⑤]と安西という地名である。つまり、この安東・安西は、安倍郡の東・西というものでないことは、安東・安西の広さからいっても明らかであり、従って、この地名は、やはり安倍川の東岸だから安東、安倍川の西岸だから安西となったものと考えられる。このことから、安東と安西の境目あたりに往時の安倍川の本流があったものと推定されるのである。

明治以降のように、両岸を堤防（土手）でふさいでしまうような河川の流れは、ある意味では河川の不自然な流れといってよい。中世の大井川・天竜川をみれば明らかなように、平野部に流れが至れば、川はいく筋にも分流するのが自然の姿であった。そうした安倍川の一分流が北川という名でよばれていたことはよく知られている。

また、これらのことを裏付ける伝承もあり、たとえば、現在、中町交差点の近くに位置する静岡天満宮は、かつて川中島天神の名で呼ばれていたという。川中島すなわち〝島〟地名は、大河川下流域によくみえる地名で、微高地である。つまり、安倍川の流路の中洲であったことを示している。このように考えてくると、往時の屋形町は安倍川乱流域の中にあったことになり、中世城館の所在地としてはまことに不適当な場所ということになり、このような点からも、屋形町説は否定されてしかるべきであろう。

では、安倍川の流路から考えた場合、今川氏時代の駿府館の所在をどこに考えたらよいのであろうか。その点で手がかりとなるのは等高線である。駿府のように安倍川流域の低湿地に城館を築こうとすれば、やはり、できるだけ洪水被害の少ない場所を見立てるのが当然だと考えられるからである。

細井淳一氏の作成された等高線分布図をもとに駿府館の位置関係を記入したのが一五四頁の図である。これによって、現在の駿府城公園付近の等高線がどのようになっていたかがうかがわれ、城館を築くにふさわしい微高地がどこにあるかがデータとして出てくるのである。つまり標高二十メートルから二十四メートルと、わずか四メートルのちがいであるが、山間部はともかくとして、平野部における四メートルの高低差は大きな意味をもったと考えられる。結論的にいえば、今川氏時代の駿府館は、江戸時代駿府城の一画に位置し、しかも、その中での高所、すなわち、標高二十四メートルの場所にあったものと考えられる。

なお、標高二十四メートルの所は、現在の雙葉学園、地方裁判所、税務署、市立病院の位置になり、かなり広大であり、これら地域がすべて今川氏時代駿府館の館域と考えることはできず、そのどこかということになるが、それがどこであったかについては、もう少し後で考えたい。

安倍川流路と等高線の関係で、もう一点指摘しておかなければならない。それは、大正三年の静岡大洪水のときの洪水範囲である。近世、家康によって全く新しい構想により駿府城が築かれたため、その影響もあったことは否定しえないにしても、今川氏時代の駿府館と推定される前記標高二十四メートル地帯には洪水は全くないのである。この点も、今川氏時代駿府館が、近世駿府城の一画に位置したことの証左になろう。

賤機山城および城下との関係

さて、今川氏時代の駿府館は文字通り館であり、いわば守護所と称すべき性格のものであった。従って、土塁と堀にかこまれる程度で、城郭としての構えはあまりなかったものと推定される。とすれば、当然、防御的な性格をもった城構えの付属物がなければならない。古くからの指摘通り、それが賤機山城であったことも異論のないところである。

つまり、駿府館と賤機山城との関係が、平時の居館と詰の城としての性格をもっていたわけで、あたかも駿東地方における葛山氏の葛山館と葛山城との関係に比定しうる性格のものだったのである。

また、県内ではなく、普遍性をもたせる意味で付言すれば、越前朝倉氏の朝倉館と一乗城山の関係に擬することができよう。ある意味では、中世の城と館の最も一般的な姿を示しているということもできるのである。領国統治にあたって府中に守護所を置くことは、室町期における守護・守護大名のとる当然の行動であったわけであるが、その場合、今川氏は軍事的な拠点を賤機山城に求めたのである。

前記朝倉氏の場合、平時の居館である朝倉館と詰の城である一乗城山の直線距離は、ちょうど一キロである[6]。軍事的一体性という観点からすれば、あまり距離が離れていては、その役目を果たせないことになり、館と城の距離面も重要な素材になると考えられる。

その点で、駿府館と賤機山城を捉え直してみると現在遺構のある臨済寺裏山の賤機山城址から、さきにみた標高二十四メートル地帯を測ると、最短距離のところが雙葉学園のところで、賤機山城から約一・五キロであり、最も遠くて市立病院のところで、一・八キロである。常識的に考えれば、最短距離のところが可能性としては一番高いということになるが、この際、三〇〇メートルほどのちがいは決め手にはならず、当時の地形などを考慮にいれねばならず、どこという断定をすることは困難である。

ただ、一つ思いおこされるのは、一説に、今川氏親夫人寿桂尼が死んだとき、その菩提寺として沓谷に龍雲寺を建てたが、その龍雲寺が駿府館の鬼門除《よ》けとして建立されたという所伝があることである。周知のごとく、鬼門というのは家の中心から艮《うしとら》の隅、すなわち東北の方角で、その方角は陰陽道で悪鬼が出入する門とされており、城などを築く場合には、そうした災を未然に防ぐ意味で、神社・仏閣が建てられるという風習があった。寿桂尼が死ぬとき、駿府館守護のため、菩提寺を駿府館の艮に建てることを遺言したと伝えられるのである。

ところで、そうした伝承から考え、正確に艮の方角に建てられたとすると、駿府館はセノバ付近となり、不都合を生ずる。しかし、若干の方位のズレを考えると、前記二十四メートル地帯の中では、駿府城公園の旧本丸から市立病院付近が一番近いということになるであろう。

次に城下集落との関係も考慮の対象となる。この点で最も信頼に足る近年の業績としては、若尾俊平氏の今川氏時代の駿府の町復元の仕事⑦をあげなければならないであろう。同氏によれば、家康町割り以前の駿府の町として確認されるのは、浅間神社門前町である宮ヶ崎、馬場町、四足町、本通り付近、それに安西、今宿、府の本町、神門町、新宿町、小辻町、横田町、院内町、猿屋町などであるとする。

つまり、宮ヶ崎、馬場町の浅間神社前の通り、それに本通りがすでに今川氏時代に存在していたことをみないわけにはゆかず、しかも、両通りがぶつかるところが、前に記した二十四メートル地帯の南西端になるのである。

このことは、今川氏時代の駿府館が駿府城公園の旧本丸から市立病院にかけてのあたりにあったことを推定させる一つの大きな要因となる。

今川館は駿府城公園内か

以上、きわめて限られた素材によって今川氏時代の駿府館について考察を加えてきた。結論としては、中世の安倍川流路と等高線、すなわり微高地の関係からいわゆる「二十四メートル地帯」に限定され、さらに詰の城である賤機山城との位置関係と、鬼門除けとしての龍雲寺の方位および当時の城下集落との関係からいっても、駿府城公園の旧本丸から市立病院にかけてのあたりが最も蓋然性が高いのではないかと推定した。

つまり、徳川家康は、駿府城を築くにあたり、今川氏時代の駿府館址（すでに武田信玄の永禄十一年の焼き討ちによって灰燼に帰し、廃墟となっていた）をとりこんで、その東側に城域を拡大していったものということができる。

市街地と化し、高層ビルが建ち並ぶ静岡では、田園地帯である一乗谷の朝倉館址のような発掘調査はもはや望みうべくもない。しかし、ビル工事、道路工事などに際し、常に注意しておく必要はある。たとえほんの断片的な資料でも、皆の共有財産となし、少しでも実像にせまる努力を惜しんではならないであろう。

〔注〕

① 大塚勲「駿河守護今川氏の駿府進出について」（『駿河の今川氏』第三集）

② ふつう中世までは府中、近世になって駿府とよばれたとしているが、戦国期にはすでに駿府とよばれた徴証があり、また上杉謙信の場合でも越府（越後府中）という使い方をしているので、中世だから府中としなければならないという必然性はない。

③ たとえば、『静岡中心街誌』第四部「守護大名今川氏の領国経営」（安本博氏執筆）

では、静岡市立病院を中心とした方二町の範囲を今川館所在地として想定している。

④「今川氏時代の駿府城」（『歴史読本』昭和五十四年新春号）

⑤「熊野那智大社文書」に駿河国安東庄年貢納帳などがある。

⑥松原信之『朝倉氏と戦国村一乗谷』（福井県郷土新書4）

⑦若尾俊平「覚書・家康町割以前の駿府」（『駿河の今川氏』第二集）

＊『古城』十号　一九七九年三月　静岡古城研究会

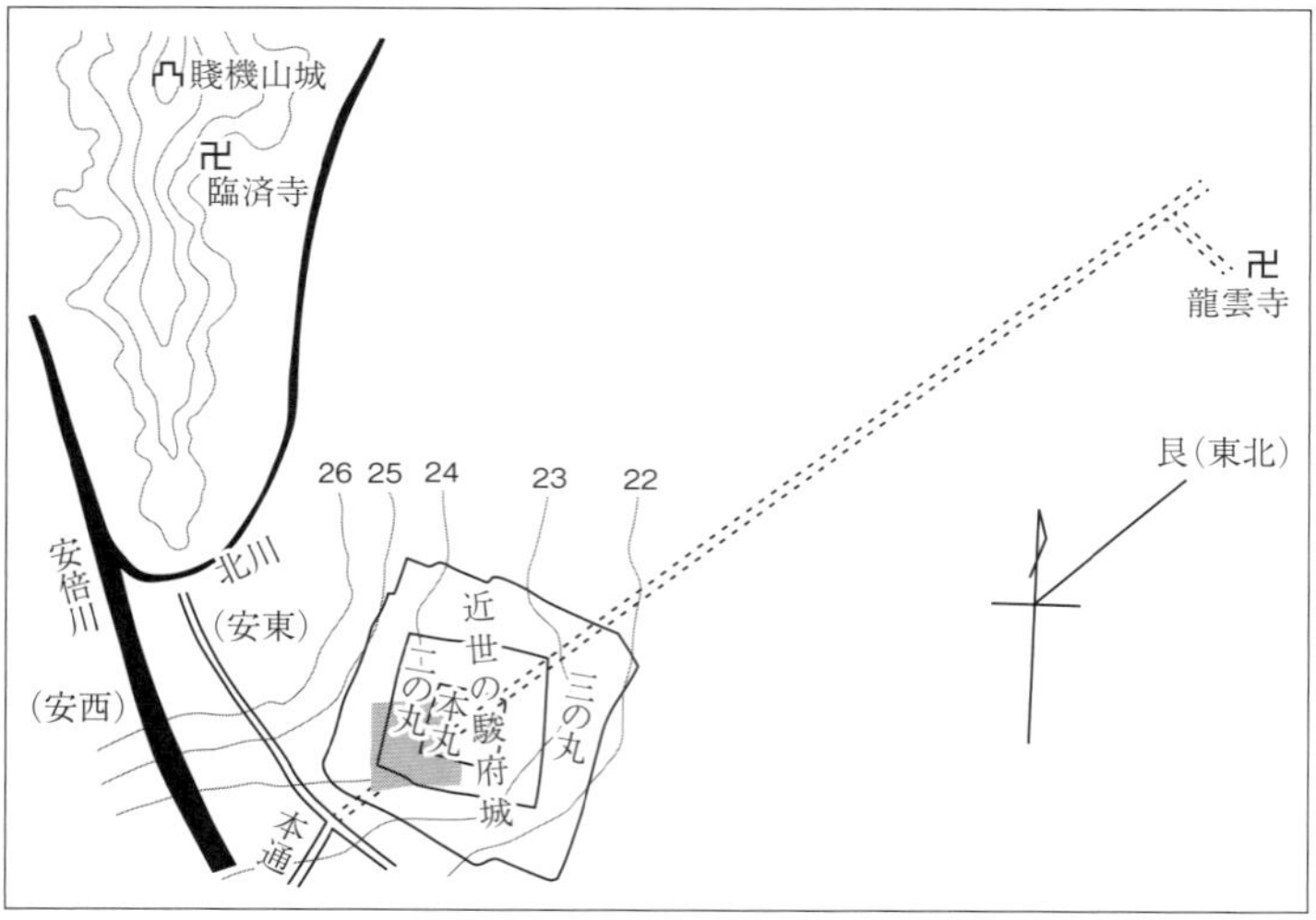

第三章　掛川城をめぐる歴史

室町時代の掛川とその周辺

　南北朝内乱の時代、今川氏初代に数えられる範国が、足利尊氏に従って各地で戦功をあげ、駿河、遠江二ヵ国の守護となった。しかし、そののち、遠江の方は、同じ足利一門である斯波《しば》氏にとって代わられている。ところが、この斯波氏は、遠江だけではなく、越前・尾張の守護も兼ね、遠江には守護代を派遣するだけであった。しかも、その守護代も、越前守護代の甲斐氏が兼任しており、遠江は次第に国人領主とよばれる有力武士の群雄割拠状態となっていったのである。

　具体的にみると、東遠では横地城の横地氏、勝間田城の勝間田氏、中遠では高藤（殿谷）城の原氏、堀越城の堀越氏、見付端城の狩野氏、西遠では引馬城の大河内氏、井伊谷城の井伊氏、佐久城の浜名氏、北遠では犬居城の天野氏、高根城の奥山氏といった国人たちが代表的なものであった。それに、ややランクとしては下になるが、掛川周辺を例にとれば、松葉城・初馬城に拠る川井氏らがいた。

　応仁元年（一四六七）に、応仁・文明の乱がはじまるが、そのとき、遠江守護斯波義廉《よしかど》

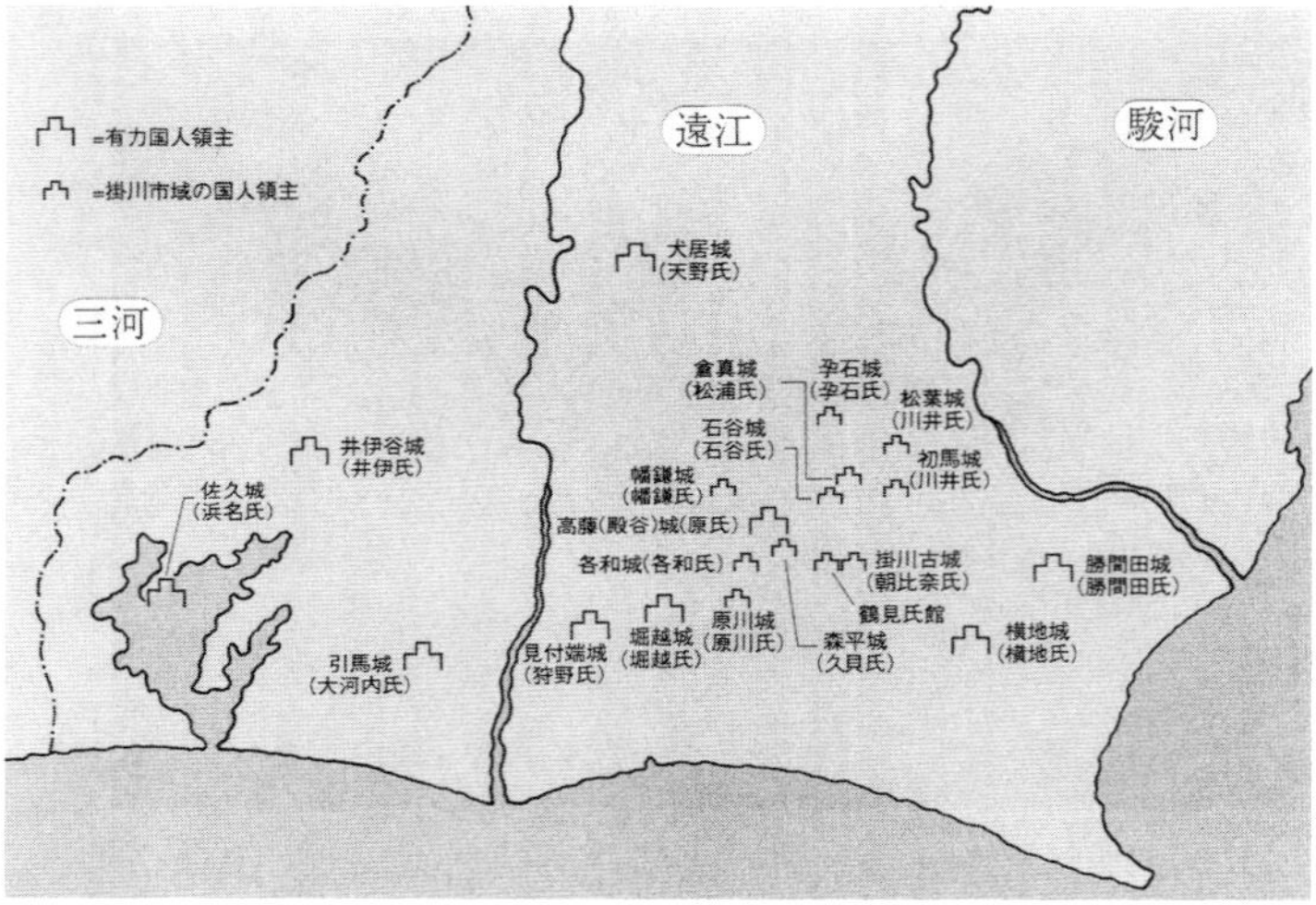

は西軍であった。駿河守護今川義忠は、はじめ、「将軍警固のための上洛」と称してどちらの陣営にも属さなかったが、斯波義廉と同じ西軍では得るところがないと判断して、東軍細川勝元側に属している。

そして、その細川勝元の命をうけて駿河にもどり、隣国遠江を攪乱しはじめた。義忠による遠江侵攻は文明六年（一四七四）からはじまるが、その前年、義忠は、将軍足利義政から「遠江国懸革庄《かけがわのしょう》代官職」に任命されている。そのころ、掛川を懸革と書いたことがうかがえて興味深い。ほかに、懸河・懸川の字が戦国時代ごろまで使われるが、煩わしいので、ここでは掛川に統一しておこう。

義忠は、文明八年（一四七六）、横地・勝

間田両氏を滅亡させ、東遠を征圧することに成功する。ところがその凱旋の途中、横地・勝間田の残党に襲われて殺されてしまったのである。これによって、今川氏による遠江侵攻はふり出しにもどってしまった。

そのあと、今川氏による遠江侵攻が再び始まるのは、義忠の子氏親のときで、氏親は叔父にあたる伊勢新九郎（北条早雲）の応援を得て、明応三年（一四九四）に高藤城の原氏を攻めている。

そのころ、掛川周辺に勢力をもっていた原氏が滅ぼされたことにより、今川氏の力がここらあたりまで伸びてきたわけであるが、氏親は、掛川の地を遠江支配の要地として位置づけ、そこに、重臣筆頭の朝比奈泰熙《やすひろ》を置いた。

朝比奈氏時代の掛川城

もっとも、朝比奈泰熙が最初に掛川城を築いた場所は、天守が復元された現在の掛川城址のところではない。掛川市立第一小学校のグランドの北側に小高い丘となっているところで、県文化財の徳川家光廟のある龍華院が建つ一帯である。泰熙は、そこに、本曲輪《ぐるわ》・二の曲輪・三の曲輪・北曲輪などいくつかの曲輪をもつ城を築いている。現在でも、土塁と空堀の一部が残り、中世城郭の姿をみることができる。

しかし、完成して少しした時点で、氏親は泰熙にさらに大きな掛川城築城を命じているのである。それが、現在の掛川城址の場所である。

これまで、泰熙が築城をはじめる以前の状況についてはほとんど明らかにされてこなかったが、城址整備の一環として発掘調査が行われた結果、本丸部分の下が中世墓地だったことが明らかとなった。つまり、泰熙は墓地をつぶして城としたことになる。ただ、その後、山内一豊によって近世城郭として再利用されたため大幅な改変をうけ、泰熙・泰能による二代がかりの朝比奈氏掛川城の実体についてはよくわかっていないのが実情である。

戦国時代の掛川城主は「朝比奈三代」といわれる。すなわち、泰熙・泰能・泰朝で、泰熙が没したのは永正九年（一五一二）なので氏親の時代、泰能が没したのは弘治三年（一五五七）なので、氏親・氏輝・義元に仕え、泰朝が、義元・氏真に仕えていた。

掛川城が軍事的にクローズ・アップされるのは泰朝のときである。周知のように、今川氏は、義元が永禄三年（一五六〇）、桶狭間の戦いで織田信長に殺されてから急速に衰退しはじめ、とうとう、永禄十一年（一五六八）十二月には、甲斐から武田信玄が駿河に侵攻し、三河から徳川家康が遠江に侵攻する事態になった。

駿府今川館を信玄に攻められた氏真はそこを支えることができず、重臣筆頭朝比奈泰朝の守る掛川城に逃げこみ、再起をはかることにしたのである。

十二月十三日早朝に駿府を脱出した氏真ら一行は、山の中の道をとって、十五日には掛川城に入城したらしい。ところが、安堵の思いもつかの間で、今度は、徳川家康の大軍に掛川城を囲まれることになった。十二月二十七日のことという。

実は、掛川城が名城といわれるのは、それからである。家康が大軍で包囲しながら、なかなか落とすことができなかった。実戦でその要害ぶりが実証されたといってもよい。

信玄と示し合わせて同時侵攻したこともあって家康は焦った。信玄に自分の力を見せつけるためにも早く落としたいと考えたわけである。しかし、はげしく攻めても城は容易には落ちず、結局、最後はある密約を条件として講和という形で開城させることに成功する。その条件は、残念ながら史料として残ってはいないが、その後の経過から考えると、「ここはひとまず城を開城していただきたい。駿河を奪い取った暁には氏真殿に駿河一国をお返ししよう」という内容だったと思われる。

永禄十一年十二月二十七日から翌十二年五月十七日までの長い攻防戦を掛川城は戦いぬいたのである。掛川城が名城とされるゆえんである。

石川家成・康通を経て山内一豊へ

掛川城をようやく手にいれることができた家康も掛川城を重視していた。それは、「両家老」とよばれ、酒井忠次と並ぶ重臣の石川家成《いえなり》を掛川城主に抜擢したことにも明らかである。家康はそのあと城を三河の岡崎城から浜松城に移すが、掛川城の重要性は強く感じており、事実、天正二年（一五七四）に高天神城が武田方になってからはその重要性がいっそう増し、家成とその子康通の石川氏二代の位置づけは高かった。

しかし、石川氏二代の時代も中世城郭の段階であった。やはり、近世城郭としてのスタートは、山内一豊の入城をまたねばならなかった。

天正十八年（一五九〇）の小田原攻めによって、家康が関東に移封されたあと、駿河・遠江には秀吉の家臣が入ってきた。掛川城に入ってきたのは山内一豊で、石高は五万石であったが、おそらく秀吉は、家康との一戦があることを想定していたものと思われる。五万石の規模の割には、かなり大がかりな築城を許可したのであろう。

城址整備の過程で発掘された大規模な三日月堀・十露盤《そろばん》堀などはその例であるし、朝比奈氏時代、石川氏時代にはなかった天守が建てられたのも、秀吉の意向に沿ったものとみることができる。しかも、瓦葺《ぶ》きであった。

その点で注目されるのは、山内一豊が、秀吉の伏見城築城に直接携わっていたという点である。一豊の家臣たちが実際に伏見城築城を手伝っていたわけで、そのときの経験、特に技術力が掛川城築城にそのまま生かされたであろうことは十分考えられるところである。

豊臣系大名の城が、大坂城、伏見城と似た造りとなっているのは、こうした背景があったのである。

近世城郭から、ふつう本曲輪のことを本丸、二の曲輪のことを二の丸などとよぶようになる。一豊時代の掛川城は本丸・二の丸・三の丸・中の丸に加え、竹の丸・山下郭などの付属部分を付け加え、かなり大規模な城としている。

＊『掛川城のすべて』一九九六年三月
掛川市教育委員会

第四章　戦国争乱期の三河吉田城とその城主

吉田城の位置づけ

城そのものの歴史は古く、「邪馬台国の一部ではないか」ということで注目を集めている佐賀県の吉野ケ里遺跡から、『魏志倭人伝』に「宮室楼観城柵巖設・・・」とみえる物見櫓の柱穴と環濠が発見され、城の原初形態がクローズ・アップされてきた。城は、その後、源平争乱、南北朝争乱というように、戦いとともに発展してきたが、やがて、築城史においてピークともいうべき戦国争乱期を迎えるのである。

愛知県豊橋市の吉田城（その前身としての今橋城も含む）において、戦国争乱期、どのような攻防戦がくりひろげられたのだろうか。代表する城主としては、牧野古伯、酒井忠次そして池田輝政の名があがるが、それぞれの段階ごとに、吉田城の位置づけは微妙に変化している。城の攻防を縦糸とし、城の位置づけを横糸とし、戦国争乱期における吉田城の織りなすドラマをふりかえってみることにしよう。

牧野古伯と今橋城

吉田城の前身である今橋城をはじめて築いたのは牧野古伯である。古伯というのは出家してからの名で、名乗り、すなわち諱《いみな》は成時《しげとき》といった。仮名《けみょう》は伝蔵（田三とも書く）である。

牧野氏のような領主をふつう国人《こくじん》領主とよんでいる。国衆ともいうが、この国人領主のなかから戦国大名に成長していく場合もあれば、戦国大名にはなりきれず、戦国大名領国に組み込まれていくこともあり、牧野氏の場合は後者のケースに含まれる。古伯が今橋城を築いたのは、通説によれば永正二年（一五〇五）のことである。

翌三年、築かれたばかりの今橋城は攻められている。実は、このときの戦いについて二通りの解釈があり、どう理解したらよいのかむずかしい場面でもある。一つは、岩津城攻めに失敗した北条早雲（伊勢新九郎）が、今川氏親の大軍を率いて牧野古伯の籠る今橋城を攻めたという解釈である。そしてもう一つは、これとは全く逆で、岩津城攻めに失敗した北条早雲が今橋城に逃げ込み、早雲および古伯が籠る今橋城を松平長親が攻めたというものである。『当代記』『古証文』などは前者、『寛政重修諸家譜』は後者の立場をとっている。可能性としてはどちらも考えられるが、松平長親に当時それだけの力があったかどうかは疑問で、私は、早雲が今橋城に古伯を攻めたと考えている。

なお、今橋城の落城で古伯も討ち死にするが、討ち死にの日も十一月三日説・十一月十二日説の二つがありはっきりしていない。

落城後、この地域を領したのは田原城の戸田氏の一族戸田金七郎であった。早雲および今川氏親が直轄地にできなかったところをみると、このときの今橋城攻めには、戸田氏の力が大いに関係していたからではないかと思われる。

その後、永正十六年（一五一九）といわれているが、牧野成三《しげみつ》・信成《のぶしげ》兄弟が戸田金七郎を今橋城に攻め、これを逐《お》って城を奪回することに成功し、今橋城は再び牧野氏の手に帰した。

ところで、成三・信成兄弟と、さきの牧野成時、すなわち古伯との続柄が問題となる。ふつうには、古伯の子が成三・信成兄弟とされているが、古伯と成三・信成兄弟の間に伝左衛門という人物を一代入れ、略系図にすると、

古伯（成時）――伝左衛門――┬成三
　　　　　　　　　　　　　└信成

というように考える説も提起されている。

『参河国聞書』の大永二年（一五二二）の項に「牧野伝蔵信成、改㆓今橋㆒号㆓吉田㆒」とあり、それまで今橋城とよんでいたのを吉田城と改めたことがわかる。この牧野信成が城主

のときも、今橋城改め吉田城はしばしば戦いの舞台となった。

まず、享禄二年（一五二九）五月の戦いがある。岡崎城に拠り、西三河をほぼ勢力下に置いた松平清康が東三河にも勢力を伸ばし始めてきた。吉田城に拠る牧野信成が東三河を代表する勢力になっており、東三河に駒を進めてきた松平勢をみた牧野信成が、「少《(小)》国ヲ二人シテ持て何カセン。今日実否ノ合戦シテ、東三河ヲ清康エ付物カ、西三河ヲ我取者カ、実否ノ合戦爰なり」（『三河物語』）と討って出て、吉田城外の下地というところで戦いとなった。このとき、清康は正面から牧野軍に当るとみせかけ、別働隊を吉田城に攻め入らせたため、守りが手薄だった吉田城は松平方の手に落ちてしまったのである。

しかし、松平清康としても、その時点では吉田城を占領し続けるだけの力はなく、結局、兵を引いたところで、牧野勢が吉田城にもどっている。

牧野信成と松平清康との東三河の覇権をめぐる戦いで決定的だったのは天文元年（一五三二）五月の戦いである。この戦いで清康は「討ち死にするはこのときなり」と叫んで先頭きって牧野勢にぶつかっていったため、松平勢は「大将を見殺しにするな」とどっと攻め込んだ。この勢いの差がそのまま勝敗にあらわれ、牧野信成をはじめ同成高・同成国ら主立った者七十余人が討ち死にしてしまい、松平勢の完勝であった。結局、吉田城の牧野氏の力は急速に衰え、作手《つくで》・長篠・田峯《だみね》・野田城といった東三河の城も清康に降っていくきっかけになってしまったのである。

仮にこのままの状態で推移すれば、松平清康による三河統一、つまり、三河一国を支配する戦国大名となったところであるが、天文四年（一五三五）の「守山崩れ」で清康が横死してしまったため、それまで松平勢の攻勢によって撤退を余儀なくされていた今川勢が旧領回復のチャンスとみて、朝比奈輝勝・伊東祐時・岡部輝綱らに兵をつけて吉田城を攻めさせるという事態になった。

その時、吉田城を守っていたのは戸田金七郎および牧野伝兵衛成敏であったが、結局攻め落とされてしまった。もっとも、これには異説もあって、「守山崩れ」のあと、戸田金七郎が牧野成敏を追い出して城主に収まっていたが、天文六年（一五三七）に今川軍に逐われたともいう。いずれにせよ、吉田城は今川軍の東三河侵攻の基地とされ、今川義元は重臣の一人大原資良《すけよし》を吉田城代としているのである。ちなみに、大原資良の名はどうしたわけか徳川関係の史料では小原《おばら》肥前守鎮実《しげざね》としている。

岡崎城の松平氏では、清康横死のあと、子広忠が跡を継いだが、広忠に三河を支配する力はなく、今川義元が松平領を「保護国」とし、実権を握っていった。そうした政治的な混乱をついて、戸田宣成が吉田城を奪取し、今川氏の支配に抵抗したが、ついに天文十五年（一五四六）十一月、今川軍によって攻め落とされ、再び大原資良が城代として入り、今川氏による支配が貫徹することになったのである。

東三河の旗頭酒井忠次

松平領が今川氏の「保護国」とされていた時期、松平氏の当主竹千代（家康）は駿府に抑留されていた。従来から、この抑留状態を「人質」として表現してきたが、最近、これは単なる「人質」とはちがい、松平氏を今川氏の一門格とし、将来、義元の子氏真の片腕となるべく教育する期間だったとの解釈が浮上している。とにかく、家康は、永禄三年（一五六〇）の今川軍の尾張への出陣のときまで、駿府に抑留されていた。

その年の五月十九日、義元が尾張の桶狭間で織田信長に討たれたことにより、家康の身辺はもちろん、吉田城をめぐる政治状況も大きな変化をみせている。

家康は、桶狭間の戦い当日、尾張の今川方最前線の支城である大高城にいた。今川軍が撤退してしまったあとを追うように岡崎までもどり、今川軍が岡崎城を撤退するのを確かめてはじめて岡崎城に入っている。その後は、周知のごとく、家康は今川氏の手を離れ、織田信長との同盟に踏み切っていく。いわゆる「清須同盟」である。

永禄五年五月には、家康は早くも東三河の今川方の城を攻めており、翌六年から七年にかけて三河一向一揆が蜂起したため、東三河への侵攻はできなかったが、一向一揆を鎮圧するや、一挙に東三河平定の軍事行動を起こしている。家康が攻撃目標としたのは、東三河の要衝だった吉田城である。

家康軍は永禄七年六月十日から吉田城攻めにかかっているが、簡単に力攻めでは落とせないと判断し、兵糧攻めをとった。吉田城を囲む形で小坂井糟塚砦に小笠原長晟《ながあきら》・大久保忠世・戸田忠次らを置き、喜見寺砦に石川家成・内藤信成・鵜殿長照らを置き、二連木砦に戸田重光・同重貞らを置き、その他の要所に柵や逆茂木を置くなどして攻めたてたため、ついに翌八年三月には支えきれず開城に追いこまれ、城代大原資良らは兵を駿府にもどしている。

吉田城を手に入れた段階で、家康は城を酒井忠次に与え、同時に忠次を東三河の旗頭とした。これは、家康の軍制を考える場合に特筆されることで、この時点で家康がいかに吉田城を重視していたかを物語るものである。

家康は三河を東三河と西三河に分け、東三河の中心を吉田城とし、西三河の中心を岡崎城とし、吉田城に入れた酒井忠次を東三河の旗頭として、その下に桜井松平忠正・形原松平家忠ら一門のほか、野田城の菅沼定盈《さだみつ》、牛久保城の牧野康成、作手亀山城の奥平貞能らをつけた。東三河の家臣が忠次の指揮下に入ったわけである。同様に、西三河の方は家康自身の居城岡崎城に石川家成を置き、これを西三河の旗頭とし、その下に大給《おぎゅう》松平真乗《さねのり》・藤井松平信一・能見松平忠就ら一門などをつけ、酒井忠次・石川家成の二人を「両家老」ともよんでいる。のち、石川家成は石川数正にバトンタッチされているが、これが、家康の家老だったのである。

さて、吉田城主となった酒井忠次であるが、本多忠勝・榊原康政・井伊直政の三人と合わせて「徳川四天王」といういい方をされている。ただ、年齢的にみても、また、経歴からみても酒井忠次と他の三人との間には大きなちがいがあり、異質なものとの印象をうけ、この四人を「徳川四天王」とよぶには、私自身は抵抗がある。年齢も家康よりは十五歳も年長であり、宿老といった趣がある。本多忠勝・榊原康政という旗本先手役《さきてやく》の部将とは明らかにランクがちがい、天正四年（一五七六）に初陣をつとめた井伊直政とは、働いた時代もちがうのである。しかも、酒井忠次の妻は家康の叔母であった。家康の父広忠の妹於久を妻としていたくらいなので、本多忠勝・榊原康政、それに井伊直政をいっしょくたにして「徳川四天王」と称する必然性はほとんどないといってよい。

さて、酒井忠次の戦功としては、さきの永禄七年の吉田城攻めが顕著であるが、元亀二年（一五七一）には、武田信玄の軍勢が吉田城を攻めたとき、忠次はこれを守りきっている。その他ではよく知られているのが翌元亀三年、三方ヶ原の戦いのときの「酒井の太鼓」のエピソードであろう。三方ヶ原の戦いは、武田信玄と家康の戦いで、家康は浜松城に籠城するつもりが、信玄の巧みな戦術にひっかかり、浜松城外の三方ヶ原におびき出されてしまい、完敗してしまった。そのとき、家康の軍勢が逃げもどった浜松城の城門を開けはなち、城中で太鼓を鳴らしつづけたのが忠次といわれている。

逃げる家康軍を追った信玄の軍勢が、城門が開いているのをいぶかり、しかも勇壮な太鼓が鳴っていることで、「城中に何か策略があるかも知れない」と心配し、そのまま浜松城を攻めることをやめている。このとき、信玄の軍勢がもろに浜松城を攻めていれば、家康の命も危なかったわけであるが、忠次の「空城《くうじょう》の計」の奇策によって窮地を脱したことになる。家康が忠次に寄せた信頼の大きさがうかがわれる。というのがこれまでの通説である。ただし、近年の研究で、この逸話は中国の『三国志演義』にみえる「空城の計」の焼き直しではないかとの説も出され、疑問視されている。

もう一つの武功は天正三年（一五七五）の長篠・設楽原の戦いのときである。このとき、織田・徳川連合軍の勝利に連動する有名な鳶巣《とびがす》山占領を敢行しているが、信長から大いに褒められ、家康の武功面を代表していたことが明らかである。家康の領国が広がった後も、東三河の要衝を預けられており、重臣筆頭の位置づけを与えられていた。

ところが、天正七年（一五七九）のいわゆる築山殿《つきやまどの》事件のとき、家康の長男信康を信長の糾弾から救うことができず、家康からは次第に遠ざけられる形となり、ついに天正十六年（一五八八、一説には天正十五年）、家督を子の家次に譲って京都に隠居することになった。したがって、新しく吉田城の城主になったのは家次である。

豊臣大名池田輝政の入城

天正十八年（一五九〇）の秀吉による小田原攻めの結果、北条早雲以来一〇〇年間、五代にわたって関東に覇を唱えた後北条氏は滅亡し、代わって、それまで駿河・遠江・三河・甲斐・信濃の五ヵ国を領していた家康は、後北条氏の遺領へ転封と決まった。

吉田城主酒井家次は、下総臼井城三万石に転封となり、吉田の地を去っていった。家康の遺領には秀吉の息のかかった武将たちが入ってきたのである。

具体的には、三河では、岡崎城五万石に田中吉政、吉田城十五万二千石には池田輝政（吉田城在城時代の名乗りは照政であるが、ここでは、便宜上、輝政で統一しておく）、遠江では、浜松城十二万石に堀尾吉晴、掛川城五万石に山内一豊、横須賀城三万石に渡瀬繁詮、駿河では、駿府城十四万五千石に中村一氏、甲斐一国は羽柴秀勝、信濃では、飯田城八万石に毛利秀頼、深志（松本）城八万石に石川数正、小諸城五万石に仙石秀久、高遠城三万石に京極高知、高島城二万八千石に日根野高吉が入っている。

さて、吉田城に入った池田輝政とはどのような経歴をもった武将だったのであろうか。その前に、池田氏そのものからみておかなければならない。

輝政の祖母にあたる養徳院という女性は、織田信長の乳母として知られている。つまり、輝政の父恒興と信長とはいわゆる「乳兄弟」だったのである。信長がまだ世に出る以前から、池田氏は織田氏と深いつながりがあったことになる。

池田氏はそもそも美濃国池田荘の出身で、荘名を苗字とするほどの有力な在地領主であった。恒興の父、すなわち、養徳院の夫にあたる恒利が織田信秀に仕え、輝政も、幼いころから信長に仕えていた。特に荒木村重の謀反のときなどは、わずか十六歳であったが、花隈城の攻略で軍功をあげ、信長から感状を与えられている。

信長死後、父恒興・兄元助とともに羽柴秀吉に属し、秀吉から美濃池尻城を与えられていた。輝政の人生が大きくかわったのは、天正十二年（一五八四）の小牧・長久手の戦いからである。小牧の戦いにおける戦いらしい戦いとして知られる羽黒の陣で、池田恒興の女婿森長可《ながよし》が家康の部将酒井忠次と戦って敗れるということがあり、恒興としては、何とか面目を失った森長可の名誉挽回をしたいものと考えていた。

そこで、秀吉に、「家康を小牧山に釘づけにしている間に、別働隊が三河を攻め、家康の本領を攪乱すれば勝てる」と献策し、同年四月七日、羽柴秀次を大将とし、池田恒興・同元助・森長可らが率いる一万六千の軍勢が南下し、翌々九日、長久手（現在、愛知県愛知郡長久手市長湫）において徳川軍との間に戦いとなり、池田恒興・元助父子をはじめ森長可も戦死してしまったのである。

秀吉は、恒興・元助父子の死を残念がり、それまでの池田一族の軍功に報いる形で、輝政にその遺領を相続させ、美濃大垣城主となったわけである。ついで、翌十三年には岐阜城に移っている。秀吉としては、輝政の力量を高く評価していたことがこのことからもうかがわれる。

輝政は、そうした秀吉の期待に応え、同年の雑賀《さいか》攻め、佐々《さっさ》攻め、さらに天正十五年（一五八七）の九州攻めにも従軍し、忠実な豊臣大名の一人としての地歩を固めていったのである。

そして、天正十八年（一五九〇）の小田原攻めの軍功によって、前述のごとく、吉田城十五万二千石に封ぜられることになった。秀吉としてみれば、その時点では家康を完全に信頼していたわけではなかった。場合によっては、家康が伊達氏や最上氏といった奥羽の強大々名と手を結んで秀吉に敵対するという可能性を全く否定していたわけではなかったのである。

家康との関係を考えれば、駿河から西の東海道筋には自分の腹心を置く必要があり、中でも東三河の要衝である吉田城の城主を誰にするかは、秀吉としても相当考えたことと思われる。結局、家柄といい、軍功といい、秀吉に対する忠誠度からいって、池田輝政が最適であるという結論になったと考えられる。

ところで、輝政についてもう一つ注目されるのは、文禄三年（一五九四）に、家康の娘督《とく》姫と結婚した点である。輝政は、家康の女婿になった。しかも、それを斡旋したのは秀吉だったのである。池田氏が近世大名として生き残っていく上において、この事実はかなり大きな意味をもったと思われる。

酒井忠次・家次時代の石高は残念ながらわからない。家次が下総臼井城に移っていったときの石高が三万石なので、三分の一としても一万石である。前述のように池田輝政は十五万二千石なので、吉田城もそれにみあった城に規模は拡大されていった。酒井忠次時代の軍事的要塞から、十五万二千石の大名の居城にふさわしい大規模な縄張の城へと強化されていったのである。

姫路城に移る池田輝政

池田輝政の吉田城在城は慶長五年（一六〇〇）で終わる。関ケ原の戦いで輝政は東軍に属し、戦後の論功行賞によって播磨国姫路五十二万石を与えられ、姫路城に移っていったからである。

このときをもって、吉田城の戦国争乱時代は終わったといってよい。

＊『開館十周年記念特別展　吉田城と歴代城主』一九八九年九月
豊橋市美術博物館

第四部

桶狭間の戦いにおける義元と信長

第一章　覆される桶狭間合戦のイメージ

永禄三年（一五六〇）五月、織田信長は絶体絶命の窮地に立たされた。今川義元が二万五千の大軍で尾張に侵攻してきたのだ。対する信長の手勢は、僅《わず》かに三千に過ぎない。「敦盛《あつもり》」を舞って覚悟を固めた信長は、僅かな供《とも》回りのみを率いて出陣。戦場を大きく迂《う》回《かい》し、谷あいの義元本陣を見下ろす山に潜行した。そして驟《しゅう》雨《う》に乗じ、二千の兵を率いて一気に攻め下って、義元の首を奇跡的に討ち取った…。

桶狭間の戦いが起きたのは、今から四百五十年ほど前のことだが、この合戦についてはほとんどの人が、「信長は戦場を迂回し、側面から義元本陣を奇襲した」というイメージを抱いているのではないだろうか。

ところが近年、この戦いに関する研究は大きく進展し、従来の信長の勝因を「迂回奇襲」に求める通説はほぼ否定されつつある。「信長は迂回せず、今川軍に正面から攻撃を仕掛けていった」という説が主流になっているのである。それだけではない。「今川義元の出陣目的は、上洛《じょうらく》ではなかった」「義元が休息していたのは窪地ではなく山の上だった」という説が出されるなど、様々な面で通説の見直しが進んでいるのだ。これほど有名な合戦でありながら、その実態は判然としない部分が多く、いまだに多くの謎に包まれているのである。

そもそも、よく知られる〝桶狭間のイメージ〟をつくりあげたものは、何か。それは、明治期に刊行された参謀本部編纂《へんさん》『日本戦史 桶狭間役《おけはざまのえき》』であった。公的機関で、なおかつ軍事の権威である参謀本部が編纂した『日本戦史 桶狭間役』は、近年まで信ずべき史料とされてきた。

ところが本書を見直すと、創作性が強くて史料的価値が低いとされる小瀬甫庵《おぜほあん》の『信長記《しんちょうき》』（後述）や、他にも信憑性《しんぴょうせい》に疑問が持たれる史料に依拠《いきょ》しており、近年になって多くの問題点が指摘されることとなったのである。

通説とされてきた『日本戦史 桶狭間役』

現在の論点を紹介する前に、まず通説とされてきた『日本戦史 桶狭間役』に描かれた桶狭間合戦について、以下に要約しておきたい。

駿河・遠江・三河の三ヵ国、百万石の太守である今川義元は、永禄三年五月十二日、上洛を目指して駿府《すんぷ》を出陣。十八日に、二万五千の大軍を率いて尾張国・沓掛《くつかけ》城に入った。

この時、今川方の勢力は、尾張の鳴海《なるみ》城、大高《おおだか》城にも及んでいた。対する信長は、鳴海城の周囲には丹下砦《たんげとりで》、善照寺《ぜんしょうじ》砦、中島砦を、大高城の周囲には丸根砦と鷲津砦を築き、それらを孤立させていた。そこで義元は、松平元康、のちの徳川家康に、まずは丸根砦攻撃を命じた。

同じく十八日、清須城にあった信長は、今川軍の動きに対処すべく軍議を開くが、重臣が籠城《ろうじょう》策を説《と》く中、それを退《しりぞ》けた。十九日に日付が変わったその深夜、信長は僅かな近臣のみを率いてにわかに出陣。熱田神宮に入って戦勝を祈願した。

その時、丸根砦と鷲津砦の方角から煙が上がるのを見て、両砦の陥落を知る。信長は丹下砦を経由して、善照寺砦に入った。この時点では軍勢も集結し、信長の手勢は三千に達した。

その頃、織田軍の佐々《さっさ》政次《まさつぐ》と千秋《せんしゅう》季忠《すえただ》は兵三百で、鳴海方面に進出してきた今川軍先鋒に攻撃を仕掛け、瞬く間に呑《の》み込まれて討ち死にした。それを知った信長は憤激するが、おりしも、家臣・簗田《やなだ》出羽守《でわのかみ》の間諜が「今川義元は、田楽狭間《でんがくはざま》に休息中」との情報をもたらし、簗田が「今こそ勝機」と出陣を促した。

簗田の進言を容《い》れた信長は、善照寺砦に一千の軍勢を置き、そこに信長本隊が布陣しているように見せかけ、自らは二千を率いて密かに出陣した。そのルートは、今川軍に動きを悟られぬよう、戦場を大きく迂回し、丘陵地帯を進むものであった。そして信長は、義元本陣を見下ろす太子ヶ根山《たいしがねやま》に到り、戦機を待った。一方、田楽狭間にあった義元本陣は、

織田信長が築いた中島砦址

丸根・鷲津砦の攻略、佐々・千秋の撃退の報《しら》せを受けて、すでに戦勝気分に浸っており、信長の動きに全く気づいていなかった。

すると突然、激しい雨が今川軍の方に向かって降り始めた。そこで信長は、やや雨脚が弱まるのを見計らってから山を駆け下り、義元本陣に突撃。慌てふためく義元本陣に切り込んで、義元の首を討ち取った。

おおよそ以上のような内容が長らく通説とされ、桶狭間といえば「迂回奇襲」戦法が定着し、日本史上における代表的な奇襲作戦として認知されていたのである。

『信長公記』に基づく通説見直しの動き

こうした「迂回奇襲」の通説に初めて異論を唱えたのが、藤本正行《ふじもとまさゆき》氏である。氏は、『信《しん》長公記《ちょうこうき》』をもとに合戦を再検証し、昭和五十七年（一九八二）、「信長は迂回奇襲したのではなく、正面から義元本陣を攻撃した」とする「正面攻撃説」を唱えた。

『信長公記』とは、信長の家臣・太田牛一《おおたぎゅういち》が著わした信長の伝記である。牛一は仕えていた当時のことを備忘録のように書き留めており、それを基にして慶長三年（一五九八）頃に、『信長公記』をまとめた。その内容は極めて信憑性が高いと評価され、信長研究の基本史料として認知されている。なお小瀬甫庵の『信長記』は、『信長公記』を底本として潤色・脚色した書とされる。もともと太田牛一の自筆本も『信長記』と記されていたが、小瀬甫庵と区別するために、研究者の間では『信長公記』と称されるようになった。

そして、確かに『信長公記』を読む限り、「迂回奇襲」を裏付けるものはない。記述に従えば、信長は善照寺砦から迂回したのではなく、善照寺砦の次に中島砦に入り、そこから義元本陣に向けて進軍したことになっている。そこで藤本氏は、「信長は今川軍を正面から強襲して打ち破った」との説を展開した。この説が発表されるまで、『日本戦史 桶狭間役』が一級の研究と信じられてきたために、『信長公記』の記述は見過ごされてきた。しかしその後、史料性の高さから藤本氏の説は徐々に浸透し、また『信長公記』を基にした上で、様々な面での通説の見直しが進むこととなったのである。

ところで、「『信長公記』の内容が正しいならば、それを精読しさえすれば桶狭間の全容

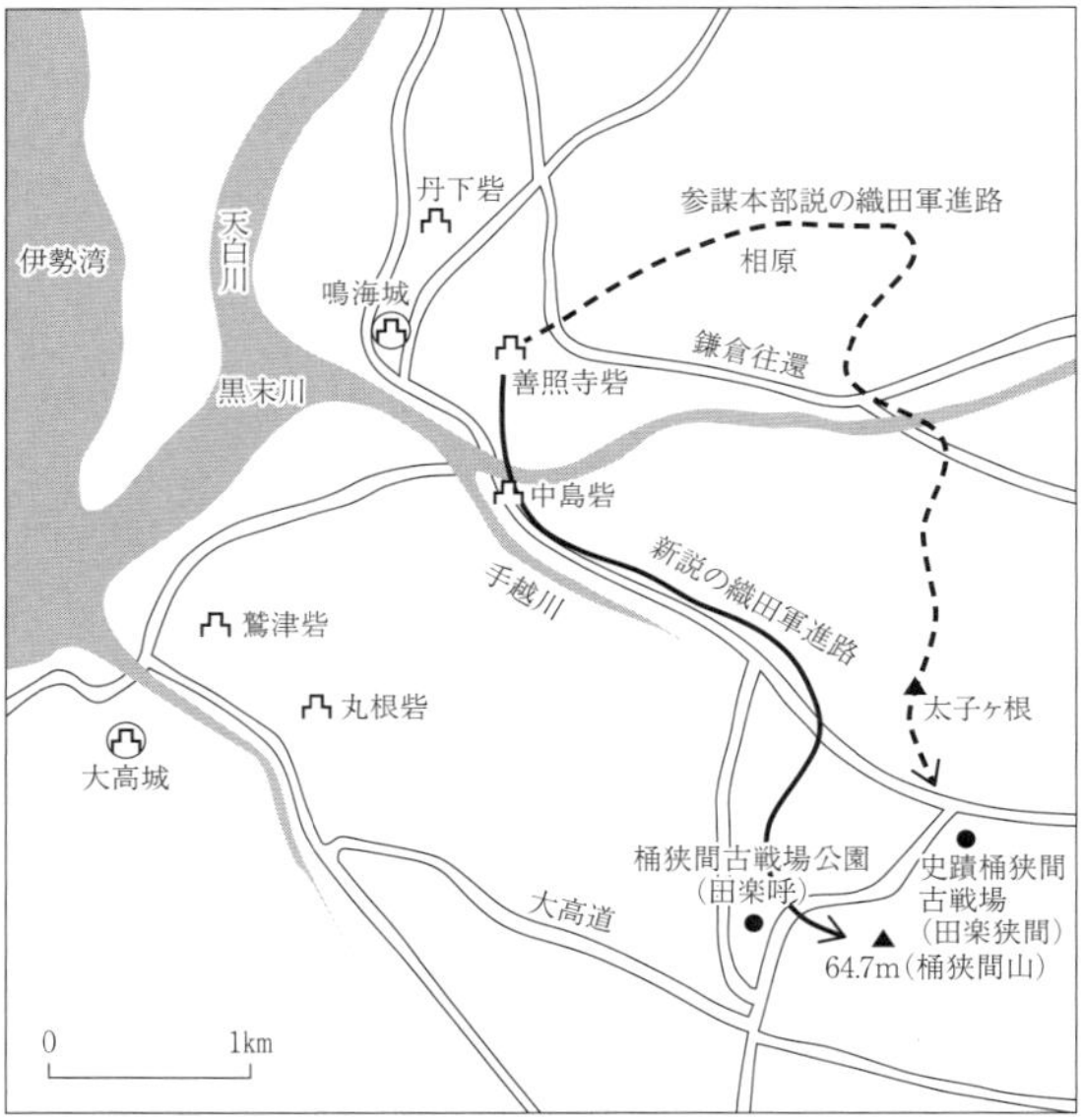

桶狭間合戦地図

はつかめるのではないか」と思われるかもしれない。しかし、実はここが難しいところなのである。というのも、『信長公記』は、桶狭間合戦の全貌を事細《ことこま》かに記しているわけではないのだ。

先に述べたように、中島砦から出撃した信長の進軍ルートは迂回を裏付けるものはない。しかし、信長が義元本陣に到るまでの『信長公記』の記述は簡潔で、進軍ルートはほとんど記されていない。そのため、「迂回奇襲」の見方は薄まってはいるものの、信長の進軍ルートの解釈には幅が生じ、また強襲か奇襲かも見解が分かれているのだ。

『信長公記』に記されていない部分をどのように捉《とら》えるか。そこから、様々な説が生まれ、今なお議論が尽きないのが、桶狭間研究の現状といえる。次に、信長の進軍ルート以外にも挙がってる論点を紹介しよう。

合戦の主な論点

①今川義元の出陣目的

通説では、義元の出陣は上洛を目指したものとされる。しかし上洛途上には、尾張に織田信長、美濃に斎藤義龍《さいとうよしたつ》、南近江に六角《ろっかく》氏が勢力を張っており、たとえ信長を破ったとしても、一気に上洛するのは非現実的である。そこで、義元の出陣目的については、「大高城と鳴海城の周囲に築かれた織田方の付城《つけじろ》を排除」「三河の安定化」「尾張の制圧」など、非上洛説が提示されている。

②今川軍と織田軍の数

通説では今川軍は二万五千とされているが、これは参謀本部が算出した数値である。近世大名は、一万石につき二百五十の兵を動員できたと考えられている。参謀本部は太閤検地をもとに義元の版図《はんと》を百万石程度と推定。そこから二万五千という数値をはじき出した。これに対し、『信長公記』では四万五千としているが、これは誇張と見られている。一方、尾張は地味《ちみ》豊かで商業も盛んなことから、「織田家と今川家との国力差・兵力差は、一般に

今川義元が本陣を構えた桶狭間山

イメージされるほどよりは大きくはなかったのではないか」との見方がある。

③佐々政次と千秋季忠の出陣目的

信長が善照寺砦に入った時、佐々政次と千秋季忠が寡兵で今川軍先鋒に攻撃を仕掛けた。常識的に見てあまりに無謀であり、「今川軍の目を、信長本隊から逸《そ》らすための陽動作戦だった」という見方がある。その一方で、『信長公記』には陽動作戦のニュアンスは読み取れず、「戦功に逸《はや》っての、抜け駆けだった」とする説もある。

④簗田出羽守の活躍

簗田出羽守は、今川義元本陣の場所を信長に伝えた殊勲によって、戦勝後、信長から戦功第一に賞されたとされる。しかし『信長公記』には、簗田出羽守が義元本陣の位置を知らせたという記述はなく、「簗田の活躍はなかった」とする見方もある。

⑤信長の勝利の要因

信長が僅かな手勢で今川義元を討ったのは、事実である。その要因も多くの説がある。例えば、「信長軍は寡兵とはいえ、鍛え抜かれており、今川兵よりも精強だった」という見方。また、天候について触れる論者も多い。通説では信長は豪雨の中、今川軍に突撃したイメージがある。確かに豪雨はあったが、『信長公記』によると、信長は雨が止んでから攻撃を開始したとある。しかしながら、雨で今川軍の陣営が崩れ、あるいは信長本隊の行動が秘匿されたのではないかとも考えられ、天候も勝利の要因として挙げられている。

主な論点を紹介したが、こんなに不明な点があるのかと、驚かれる方も多いかもしれない。桶狭間の戦いといえば教科書にも取り上げられる、日本史を代表する有名合戦である。また、この勝利が信長の飛躍の契機となったことも確かな史実であり、歴史の大きな分岐点だったといえる。それにもかかわらず、この合戦の全貌はいまだに詳《つまび》らかでない。桶狭間の戦いは、「戦国史上最も謎に包まれた合戦」と称しても過言ではないのである。

そこで次に、桶狭間合戦の実際の様子を探ることにしたい。

＊『歴史街道』二〇一〇年六月号
ＰＨＰ研究所

第二章　桶狭間合戦の虚実

織田信長のデビュー戦

永禄三年（一五六〇）五月十九日、二万五千の大軍を率いて上洛途上の今川義元は、尾張の桶狭間まで進んだところ、わずか二千の織田信長勢の奇襲をうけて討ち死にし、その後、今川氏は急速に衰退していった。これが、桶狭間の戦いに関しての通説的理解である。信長にとって初陣というわけではないが、初陣以上に華々しいデビューぶりは、信長の時代の到来を印象づけ、さまざまな形で語られてきた。

ところが、桶狭間の戦いには謎が多く、また誤伝も少なくない。桶狭間の戦いの虚と実を見きわめていくことはこれからの課題であり、本稿もその試みの一つである。

迂回奇襲説への疑問

通説でいう、義元の究極のねらいが上洛であったとする考え方には否定的だが、ここではむしろ、戦いそのものにポイントをしぼりたい。まずは、どのような奇襲だったかをみていくことにしよう。

陸軍参謀本部が編纂した『日本戦史　桶狭間役』以来、信長軍二千は、善照寺砦から直進せず、相原というところを通って、つまり、迂回して今川方の目をくらませておいて、太子ヶ根という小高い丘に上り、そこから、桶狭間に昼食休憩をとっていた義元本隊めがけて奇襲をかけ、成功させたととらえてきた。

たしかに、桶狭間の戦いは昼間の奇襲であり、夜襲ではないので、正面からつっこんだのでは今川軍の斥候《せっこう》に見つかってしまう公算が大である。そのため、「正面から奇襲をかけることなどありえない。したがって、奇襲は迂回だったのだろう」という論法で、迂回奇襲説が唱えられ、それが通説としてうけいれられてきたものと思われる。ところが、桶狭間の戦いの描写を含め、信長の事績を記し、史料的信憑性の高いことで定評のある太田牛一《ぎゅういち》の『信長公記《しんちょうこうき》』には、相原方面に迂回したことも、太子ヶ根という丘に上り、そこから攻め下ったということも書かれていない。書かれていないだけではなく、それとは逆のことが書かれているのである。

やや長文になるが、大事な部分なので、『信長公記』を引用しておこう。

信長御覧じて、中島へ御移り候はんと候つるを、脇は深田《ふかだ》の足入、一騎打ちの道なり。無勢の様躰敵方よりさだかに相見え候。御勿躰なきの由、家老の衆御馬の轡の引手に取付き候て、声々に申され候へども、ふり切つて中島へ御移り候。此時二千に足らざる御

人数の由申候。中島より又御人数出だされ候。今度は無理にすがり付き、止め申され候へども（中略）

山際迄御人数寄せられ候の処、俄に急雨《むらさめ》石氷を投打つ様に、敵の輔《つら》に打付くる。身方《みかた》は後の方に降りかゝる。沓懸の到下《とうげ》の松の本に、二かい・三かゐ《（ママ）》の楠の木、雨に東へ降倒るゝ。余りの事に熱田大明神の神軍《かみいくさ》かと申候なり。空晴るゝを御覧じ、信長鑓をおつ取て大音声を上げて、すはかゝれ〱と仰せられ、黒煙立てゝ懸るを見て、水をまくるがごとく後《うし》ろへくはつと崩れたり。弓・鑓・鉄炮・のぼり・さし物、算を乱すに異ならず。今川義元の輿も捨てくづれ逃れけり。

さて、この『信長公記』の記述から明らかなのは、信長が、善照寺砦から、前面に位置する中島砦に移ったことである。しかも、家老たちの反対を押し切って前進したことがわかる。中島砦までくれば、そこから先、義元の斥候の目をごまかして迂回するなどということはできない。あとはまっすぐ、義元の休憩地点である桶狭間に突進するしかない。

義元の斥候の目をどうくらましたか、『信長公記』にその記載がないのでわからないが、簗田《やなだ》政綱《まさつな》配下の忍びの者が、あらかじめ斥候を捕殺していた可能性もあるし、何より、このとき大雨が降ったことは、信長の行動をわからなくするうえで決定的な意味をもったことになる。以上、『信長公記』を忠実に読めば、信長は、善照寺砦から中島砦に進み、さらに義元が休憩している地点の山際に進んだことが明らかで、通説にいう迂回奇襲説は誤りで、正面奇襲だったことになる。

桶狭間山と二つの古戦場

さきに引用した『信長公記』にも明らかなように、信長は、義元が休憩している場所の「山際」まで軍勢を寄せ、そこで大音声をはりあげて、「すはかゝれ〳〵」と突撃命令を下したことがうかがわれる。これも、迂回奇襲説の太子ヶ根という丘に上り、丘の上から義元本隊めがけて攻め下ったという状況描写とは大いに異なっている。信長は、義元のいるところに攻め下ったのか、攻め上ったのか。それをたしかめるためには、義元がこの日昼食休憩をとった正確な場所を特定しなければならない。

桶狭間の戦い、あるいは田楽狭間の戦いという名称の印象が強烈で、戦いは「狭間」、すなわち窪地で行われたととらえられる傾向がある。私なども、以前は、「二万五千の大軍が窪地状のところを通るため一列縦隊でしか進めず、縦にのびきってしまったため、義元の警固が手薄になったところを信長にねらわれたのではないか」などと考えていた。

ところが、『信長公記』には、さきに引用した部分の少し前のところで、義元が休憩していた場所を「おけはざま山」と記しているのである。考えてみればある意味では当然のこといってもよいのかもしれない。二万五千の大軍を率いる大将が、いかに短時間の休憩とはいえ、そのような窪地に本陣を張るだろうか。どうせ休憩するなら、周囲の見晴らしのきく小高い丘の上に陣を置くのが当り前と思われる。そのように考えると、『信長公記』に書かれている「おけはざま山」はぴったりである。

「おけはざま山」は桶狭間山である。信長は、中島砦から桶狭間山めざして一直線に進み、その山麓まできたところで、「すはかゝれ〳〵」と突撃命令を下したことがわかり、信長率いる奇襲部隊は桶狭間山に攻め上ったことになる。

さてそうなると問題は、桶狭間山という山がどこかである。桶狭間周辺のくわしい地図をみても桶狭間山という山の名前はみえない。現地調査をして、土地の古老に「桶狭間山はどこですか」と聞いてまわったが、とうとう古老の口からは、「ここが桶狭間山だ」という情報を得ることはできなかった。そうなるとつぎの手段として、古地図からそれらしい山をさがし出すしかない。私は明治二十一年の地図を入手し、地図を片手に桶狭間山さがしをし、その結果、桶狭間山という名前はつけられていないが、標高六十四・七メートルの丘が桶狭間山ではないかという結論に達した。

実は、桶狭間山をそのように考えると、現在、桶狭間周辺に伝えられている二つの古戦場が整合的に理解できてくるのである。意外に思う方がいるかもしれないが、桶狭間には、桶狭間の戦いがあった場所として二ヵ所が伝えられている。一つは、愛知県豊明市栄町南舘の「桶狭間古戦場」であり、もう一つは、名古屋市緑区有松町大字桶狭間字ヒロツボの「田楽坪古戦場」である。現在、桶狭間古戦場公園の名で知られている。どちらにも桶狭間の古戦場であることを示す石碑や説明板がたてられており、奇異な印象をうける。

　桶狭間山を真ん中にして、「桶狭間古戦場」の方は、そこから少し北東に行ったところにあり、「田楽坪古戦場」の方は、少し南西に行ったところに位置する。桶狭間山との位置関係を考慮にいれた私の推測であるが、どちらも桶狭間の戦いがあった場所としては正しいのではないかと考えている。というのは、桶狭間の戦いがあった五月十九日、義元は沓《くつ》掛《かけ》城を出て、その日のうちに大高城に入ろうとしていたものと思われるからである。桶狭間山で昼食休憩をとっているところを信長に奇襲されたとき、ある者は、いまきた道をもどって沓掛城に逃げもどろうとしたろうし、ある者は、敵の追撃をふりきって大高城に逃げ入ろうとしたと考えられる。

　信長からの攻撃があるなど全く予期していなかった義元軍が、「奇襲されたらこれこれこのようにしよう」などという事前の相談をしていなかったことはまちがいない。奇襲をうけ、あわてふためき、沓掛城にもどろうとした者と、大高城に入ろうとした者と、二つのグループに分かれてしまったのである。そして、沓掛城にもどろうとしたグループが信長勢の追撃にあった場所が豊明市の方の「桶狭間古戦場」であり、大高城に入ろうとしたグループが信長勢の追撃にあったのが名古屋市の方の「田楽坪古戦場」だったと考えている。

信長の勝利は僥倖の勝利か

桶狭間の戦いに言及した本のほとんどすべてといってよいが、「信長の勝利は僥倖の勝利だった」式の書き方をしている。一か八かの賭であったとする認識は共通のものといえる。たしかに、二万五千を擁する大軍に、二千という少ない数であたったことにも明らかなように兵力の差はあった。しかし、信長にとって全く勝ち目のない状況だったのだろうか。私は、信長の勝利は決して僥倖の勝利だったとは考えていない。もちろん勝つべくして勝ったというわけではないが、全く勝算のない戦いに自らを追いこんでいったとも思えないのである。

「信長の勝利は僥倖の勝利だった」というときの認識として共通するのは、「片や駿河・遠江・三河三ヵ国の太守義元、片やようやく尾張一国を支配しうる状態になった信長」という意識であろう。三ヵ国の大々名今川に対し、織田はせいぜい一ヵ国、つまりどうあがいたところで、信長は義元の三分の一しかなかったという思いが根底に横たわっていたものと思われる。

ところがこの「三ヵ国の大々名に対する一ヵ国の小大名」という先入観が実は曲者なのである。信長と義元が戦った永禄三年の時点でのデータはないが、のちのデータでこの問題を考えてみよう。桶狭間の戦いがあったときから三十八年後のデータであるが、すでに見たように豊臣秀吉が全国的に太閤検地を推進した結果、全国の石高の正確な数値が掌握されており、それによると今川義元の領国である駿河・遠江・三河の三ヵ国の合計は六十九万五八七五石である。それに対し、尾張は五十七万一七三七石となっており、その差は十二万四一三八石にしかすぎない。尾張の一部は今川領に組みこまれており、また永禄三年の時点では当然これより生産力は低かったので、このデータどおりというわけにはいかないが、それでも伝えられるほどの力の差はなかったのではなかろうか。「片や駿河・遠江・三河三ヵ国の太守」といい、「片やわずか尾張一国を支配」という、言葉の魔術にはまってしまったという側面がなかったろうか。

しかも尾張は伊勢湾水運を中心として、津島・熱田などの湊町を擁し、商品流通のさかんなところであった。商品経済を軸にした繁栄もみられ、義元と信長の力はかなり接近していたとみることもできるのである。

創作された「奇瑞」

以上、桶狭間の戦いのうち、迂回奇襲説の誤り、義元本陣の位置についての誤り、そして、信長の勝利が、伝えられるような僥倖の勝利といった性格のものではないことをみてきた。最後に、私自身、常に疑問に思ってきたことを問題としたい。

信長が五月十九日、清須城をとびだし、熱田社に集まり、そこで戦勝祈願をしたことはよく知られている。熱田神宮に現存する信長塀が物語るように、「仏神を信じない」といわれた信長が、そこで戦勝祈願をしたことはたしかである。ただ、そこでおこったとされるいくつかの「奇瑞《きずい》」については、そのまま信用してよいものだろうか。

この場合、「奇瑞」とされるものは三つあり、一つは、信長が社前で戦勝祈願をしたとき、拝殿から馬の轡がガチャガチャ鳴る音が聞こえたというもので、信長は、「馬具が鳴るとはめでたい。神もわれわれの声をお聞きなされた」と叫んだという。二つ目は、やはり社前で永楽銭をほうり投げ、「表が出たらわが軍の勝ちじゃ」といって、あけてみたら表だったというものである。そして三つ目は、いよいよ熱田社を出陣するとき、二羽の白鷺が信長軍を誘導するように、敵今川軍の方向に飛んでいったという。当時、鳥が味方の方から敵の方へ飛んでいくときは味方の勝ちという考え方があり、信長勢はこれに勢いを得たと伝えられる。

迷信・ジンクスの類を最も嫌ったはずの信長が、こうした「奇瑞」に頼ったとも思えないし、それよりも、これらの「奇瑞」が『信長公記』には片言隻語もみえないのである。小瀬甫庵の『甫庵信長記』以後の創作であろう。

＊『れきし』三十二号　一九九二年一月　NHK学園

第三章　情報で決まった戦国武将の興亡

信長は情報で勝つ

中国伝来の兵法書である『孫子』に、「彼を知り己《おのれ》を知らば、百戦殆《あや》うからず」という有名な一節がある。要するに、「敵状を知りつくし、それと自分の力をひきくらべてみて、勝てると判断した上で戦いに臨めば、負けることはない」というわけだ。これは、情報がいかに大切かを論ずるときによく引きあいに出される言葉なので御存知の方も多いと思われる。

ところが、『孫子』のこの有名な言葉にもかかわらず、意外なことに、日本では合戦において、情報にそれほどの価値は与えられていなかった。いつの時代でも、戦いが終わったあと、戦功をあげた者を賞する論功行賞というものが行われた。その場合、たとえば、「一番槍」とか「一番首」といったように、まっ先かけて敵陣に突入していった部将とか、敵の大将首を最初に取ったような部将が「一番手柄」として賞賜《しょうし》の対象とされることが多かったのである。

そうした、それまでの論功行賞の常識を変えたのが織田信長だった。具体的にみると、永禄三年（一五六〇）五月十九日の桶狭間の戦いで、信長はわずか二千の兵を率いて昼食休憩中の今川義元の本陣に奇襲をかけ、実に十倍以上の二万五千の今川の大軍を打ち破っているが、そのとき、今川義元に最初に槍をつけたのは服部小平太という信長の家臣であり、義元の首を取ったのは毛利新介という、やはり信長の家臣だった。

ふつうならば、論功行賞の場において、この二人のうちのどちらかがまっ先に信長に呼ばれるところである。ところが、この時、信長から最初に賞賜されたのは簗田政綱《やなだまさつな》という部将だった。この簗田政綱は、桶狭間の戦いのとき、戦闘場面では特に目立った軍功をあげたわけではなかった。「服部小平太か毛利新介のどちらかが一番手柄であろう」と思っていた織田家中の面々も、「一番手柄は簗田政綱」と聞いて、呆気にとられたのではないかと思われる。

実は、簗田政綱は、その日、今川軍の動き、義元周囲の警戒状況などを逐一信長に報告していたのである。信長は、簗田政綱からの情報で義元本隊の動向をつかみ、その情報によって奇襲を成功させることができたというわけだ。信長は、一番槍をつけた服部小平太、一番首の毛利新介よりも、情報をもたらした簗田政綱こそが、「一番手柄」と認定したことになる。これは、戦功が、武功から情報に変わっていった歴史的瞬間でもあった。

なお、信長は、その後も情報蒐集のための施策を次つぎに打ち出しており、関所撤廃、道路整備などを積極的に行っている。従来はこうして諸施策を商品流通の観点からとらえてきたが、情報の蒐集にねらいがあったことはまちがいない。それは、信長が和泉国の堺を直轄地としたこととも関係する。当時、堺はわが国屈指の情報発信基地だったからである。

その意味で、信長が全国平定あと一歩のところまで推進できたのは、情報に負うところ大であったといえる。

情報不足が国を亡ぼす

逆に、情報を軽視したために滅亡していった武将もいる。むしろ、量的にはこの方が多いかもしれないが、ここでは一例として関東の後北条氏の例をあげておきたい。

鎌倉時代の執権北条氏と区別するため、北条早雲（伊勢新九郎）にはじまる戦国大名北条氏を後北条氏とよんでいる。早雲が伊豆・相模の二ヵ国の戦国大名となってから、二代氏綱・三代氏康・四代氏政・五代氏直と、着々と版図をひろげ、小田原城を本拠に、関八州のほとんどを領有する大々名に成長した。

ところが、天正十八年（一五九〇）、その後北条氏が豊臣秀吉に攻められることになった。いわゆる小田原攻めである。これは、西国をほぼ統一し終えた秀吉が、残る関東の後北条氏、東北の伊達氏らを討ち、天下統一を成しとげるための戦いであった。

このとき、秀吉はいきなり攻めるのでなく、北条氏政・氏直父子、伊達政宗らに対し、関白豊臣政権の枠内に入ることを求めている。要するに、「臣従して上洛すればよし、臣従しなければ攻める」としていた。

北条氏政・氏直父子、特に父の氏政の方はこの秀吉からの申し出を蹴っている。それは、氏政自身が若いころ、「戦国一の堅城」などといわれた小田原城に籠城して、戦国を代表する二人の武将、上杉謙信と武田信玄の攻撃を防いだ経験があったからである。氏政には、「豊臣秀吉軍も、上杉謙信軍、武田信玄軍と同じ」といった認識があったものと思われる。

これは、明らかに情報不足に由来するものであった。すでに豊臣秀吉軍は兵農分離が進み、質的にも量的にも上杉謙信軍や武田信玄軍の比ではなかったわけであるが、氏政のもとに、そうした情報が入っていなかったことがわかる。

では、どうして後北条氏のところに情報が入ってこなかったのだろうか。一つには、後北条氏が積極的に情報を蒐集しようとしなかったことが原因だったことはいうまでもない。しかし、それだけではなかったようである。もう一つの要因として、地理的というか、地形的な側面もあったのではないかと考えられる。

具体的には「箱根の山」がネックになっていたのではなかろうか。というのは、秀吉によるこのときの小田原攻めの時点で、後北条氏と、東北地方の太平洋側の戦国大名葛西氏および大崎氏が秀吉に対する徹底抗戦を叫んで滅亡していったのに対し、同じ東北地方でも、日本海側の戦国大名たちは秀吉になびき、本領を安堵されているからである。

すでに戦国時代、日本海側は日本海舟運が発達しており、上方《かみがた》の情報は船で比較的早く東北地方日本海側にもたらされていた。ところがそれに対し、太平洋側の海のルートはあまり開けておらず、しかも、陸路も「箱根の山」が隘路になって関東地方および東北地方の太平洋側には情報がもたらされにくくなっていたことが考えられる。

もちろん、そうしたマイナス要因も、積極的な情報蒐集活動を展開すれば克服できたわけであるが、それを怠ったところに、後北条氏が滅亡していかざるをえない要因があったと見ることができる。

情報の選択と整理

歴史を見ていくと、情報を軽視して亡びていった戦国武将とともに、情報に踊らされて亡びていった戦国武将も意外と多かったことに気づく。

戦国時代の後半は「情報戦争の時代」といってよいほど、情報によって合戦の勝敗が左右されることが多いが、敵方が流した虚偽の情報をそのまま信用し、その情報に基づいて行動したため、身の破滅を招いたという例も少なくはない。

たとえば、さきの桶狭間の戦いで敗れた今川義元の場合、桶狭間で休憩中を織田信長の決死隊に攻めこまれたことが決定的な敗因であるが、それに至る過程で、情報に踊らされた点も無視できない要因であった。

桶狭間の戦いの少し前、尾張の笠寺付近を領していた戸部新左衛門という信長の家臣が寝返って今川義元に属してしまった。尾張の情報が今川方に筒抜けになってしまったことになる。そのとき信長は、右筆《ゆうひつ》の一人に戸部新左衛門と同じ筆跡で手紙が書けるように命じている。

右筆が戸部新左衛門の筆跡をマスターしたところで、「戸部新左衛門から信長に出した書状を書け」と命じている。その内容は、「今度、今川義元を見限り、信長殿に再度奉公したい」というものであった。

この書状を、いかにも途中で得たかのように、商人姿に身をやつした家臣にもたせ、義元のところに届けさせているのである。虚偽の書状であることに気がつかなかった義元は、戸部新左衛門に弁明の機会を与えることなく彼を殺している。つまり、信長は、直接自分の手を汚さず、戸部新左衛門を殺すことに成功した。こうしたやり方を離間策《りかんさく》とよんでいるが、義元の側では手にした情報の真偽を判別することなく信用してしまい、破滅を招いたことになる。

要するに、情報の真偽を判別することも大事であることを物語るエピソードということになり、情報をいかに選択していくかの能力も戦国生き残りの必須条件だったことを示している。

その場合、よくいわれるのは、情報が一つだけのときは要注意、複数のときでも、情報の出どころが同じ場合には要注意ということがいわれている。発信源のちがう情報をいくつか組み合わせて的確な判断を示すことが求められる。

それと同時に、情報はただ多ければ多いほどよいというわけでもなかった点も歴史の教えるところである。情報にふりまわされ、的確な判断が下せないで滅亡していったというケースも少なくない。情報をいかに整理するかも戦国生き残りの必須条件の一つであった。

＊『研修』二〇六号　一九九五年三月
兵庫県自治研修所

コラム

三戦国大名の総合比較

周防《すおう》の大内氏、越前の朝倉氏、そして駿河の今川氏、この三戦国大名の文化を「戦国三大文化」とよぶわけであるが、なぜ、この三つの戦国大名家が文化を重んずるようになったかについてみていくことにしたい。また、この三戦国大名に共通する点はあるのか、経済力などについてもふれてみたい。

出自と家系

周防の大内氏は、大内氏関係の系譜類を信用すれば、渡来氏族であった。百済《くだら》の聖明王《せいめいおう》の第三子琳聖太子《りんせいたいし》が周防国の多々良浜に着岸し、その子孫が同国大内村（山口市大内）に住み、以来、姓を多々良、氏を大内としたという。もっとも、琳聖太子なる人物は、この大内氏の系譜が語られるときにのみ出てくる人物で、しかも、室町時代以降の文献にしかみえない。

ということから、今日では、大内氏が、日明貿易・日朝貿易に乗り出していったとき、日本の藤原姓・源姓などとは異なる渡来系氏族にルーツを求めたものと考えられている。結局、現時点では大内氏の出自は明らかではなく、周防権介《ごんのすけ》を世襲した在庁官人《ざいちょうかんじん》だったのではないかと推定されるにとどまっている状況である。

南北朝内乱期、大内弘世のとき周防の統一、さらに長門の厚東氏を討って長門にも領域を広げ、特に弘世は、周防・長門・石見《いわみ》の守護職に任ぜられ、山口に大内館を築いている。実は、山口の町が京風に造られたのは、この弘世のときであった。京都から祇園社・北野社・愛宕社などを勧請《かんじょう》している。以来、京都指向、公家文化憧憬《しょうけい》が大内氏の家風のようになったのである。

その子義弘は、九州探題今川了俊に従って九州に下向し、さらに明徳の乱で山名氏清の討滅に功を挙げ、周防・長門・石見はもとより、豊前・和泉・紀伊の合わせて六ヵ国の守護職を兼ねる大守護大名に成長している。

つぎに、越前の朝倉氏であるが、朝倉氏の系図・系譜類では、開化天皇または孝徳天皇の後裔といっている。しかし、史料的な裏づけはなく、そのままでは信じがたい。はじめ、日下部《くさかべ》を姓としていた形跡もあり、やがて、平安末期に、但馬《たじま》国養父《やぶ》郡朝倉（兵庫県養父市八鹿町）に居住し、居住地の地名をとって苗字にしたという。

但馬の在地領主だった朝倉氏が越前と関係をもつようになったのは朝倉広景の時代であ

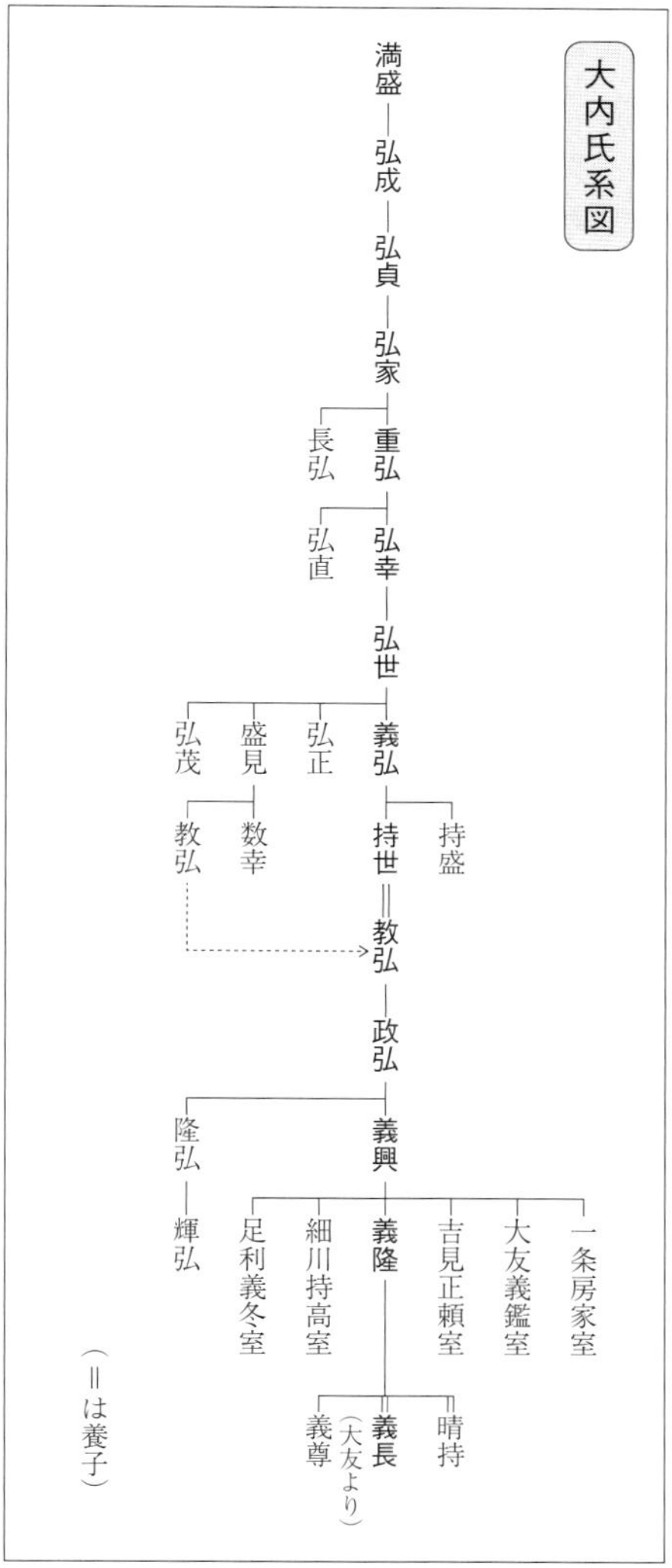

る。ちょうど南北朝内乱時代で、広景は、北朝足利方の斯波高経の被官となって、越前で戦功を挙げ、越前国坂井郡黒丸城に拠って、斯波氏の目代《もくだい》として活躍しているのである。このあと、広景以降、家景のときまで、黒丸城を本拠に、守護代甲斐氏などと争いながら、坂井郡・足羽郡に勢力を伸ばしていったのである。

越前一乗谷に移ったのは、家景の子孝景のときである。一乗谷の朝倉館で力を蓄え、「斯波氏の三家老」の一人にまでのしあがり、ついに、この孝景のとき、主家斯波氏に代わっ

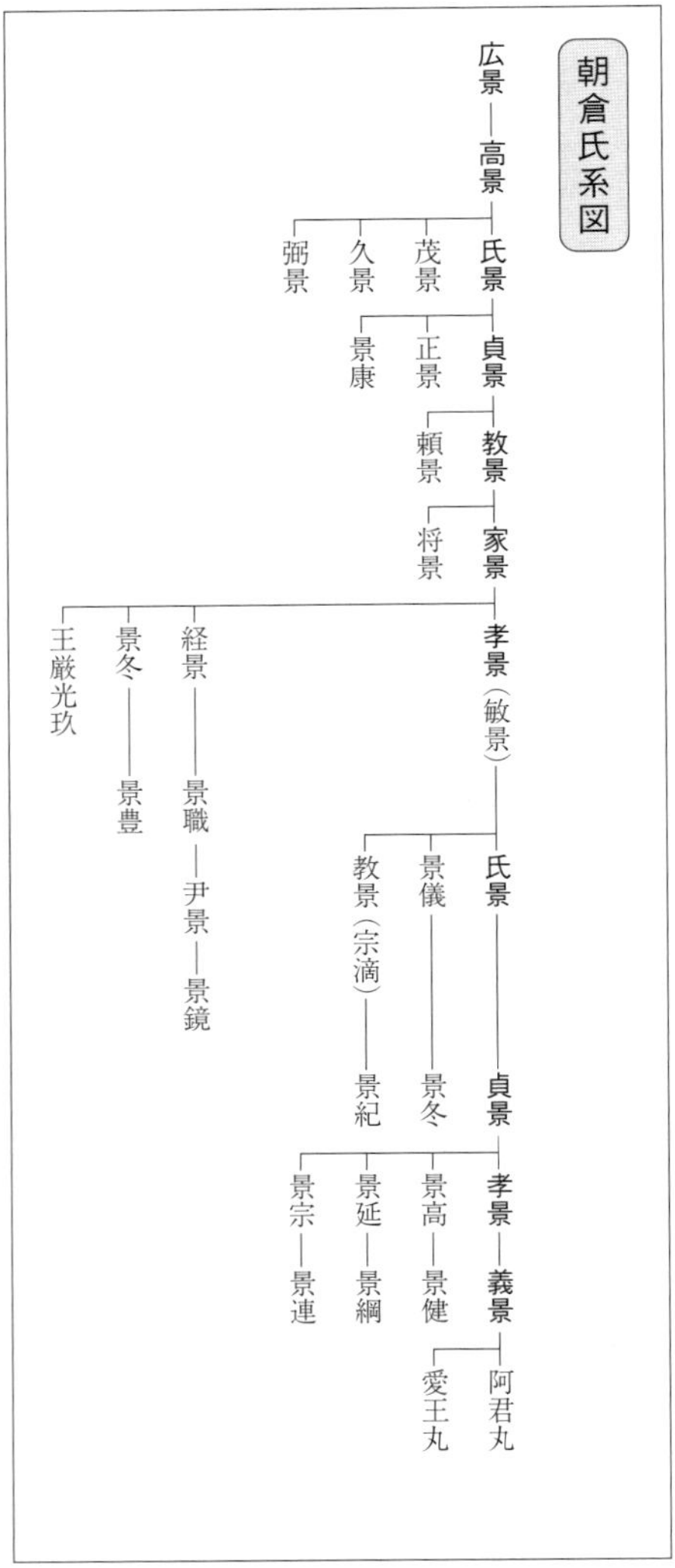

て越前守護に補任《ぶにん》される。これは、応仁・文明の乱において、東軍から西軍に転じた恩賞として与えられたものであった。

以後、一乗谷の朝倉館に五代居住して義景の代に至るわけである。ちなみに、この孝景から義景までの五代が朝倉氏の戦国大名段階であった。

そして、駿河の今川氏は、周知のごとく、足利氏から分かれた吉良氏の分かれである。出自と家系の点からいえば、この三戦国大名の中では、今川氏が一番はっきりした由緒をもっていたといえる。また、守護・守護大名といった点からすると、大内氏・今川氏が南北朝期からの守護だったのに対し、朝倉氏は応仁・文明の乱以降ということで、やや新しかったということがいえる。

領国経営の状況

では、三戦国大名の実力はどうだったのだろうか。つぎに、その総合評価を試みたい。

大内氏では、義興のときに、第十代将軍足利義稙《よしたね》の管領代《かんれいだい》になっている。管領代というのは、将軍を補佐する管領のそのまた補佐役である。そして、義興の子義隆のとき、大内氏としては全盛時代を迎えている。周防・長門・豊前・筑前・備後・石見・安芸の七ヵ国を領し、中国・九州の一大勢力となったのである。

しかも、日明貿易を通じて、その収入は莫大であり、その財力をバックに安定した領国経営を進めていた。また、義隆は、重臣をそれぞれの国の守護代に任命し、ある程度の権限を与えながら、全体を統轄するという方法をとっており、たとえば、陶《すえ》氏を周防守護代、内藤氏を長門守護代、杉氏を豊前守護代にというように、うまく配置したことも成功の要因であった。

義隆は京都指向が特に強く、正室は京都の貴族万里小路秀房《までのこうじひでふさ》の娘であり、側室のうち二

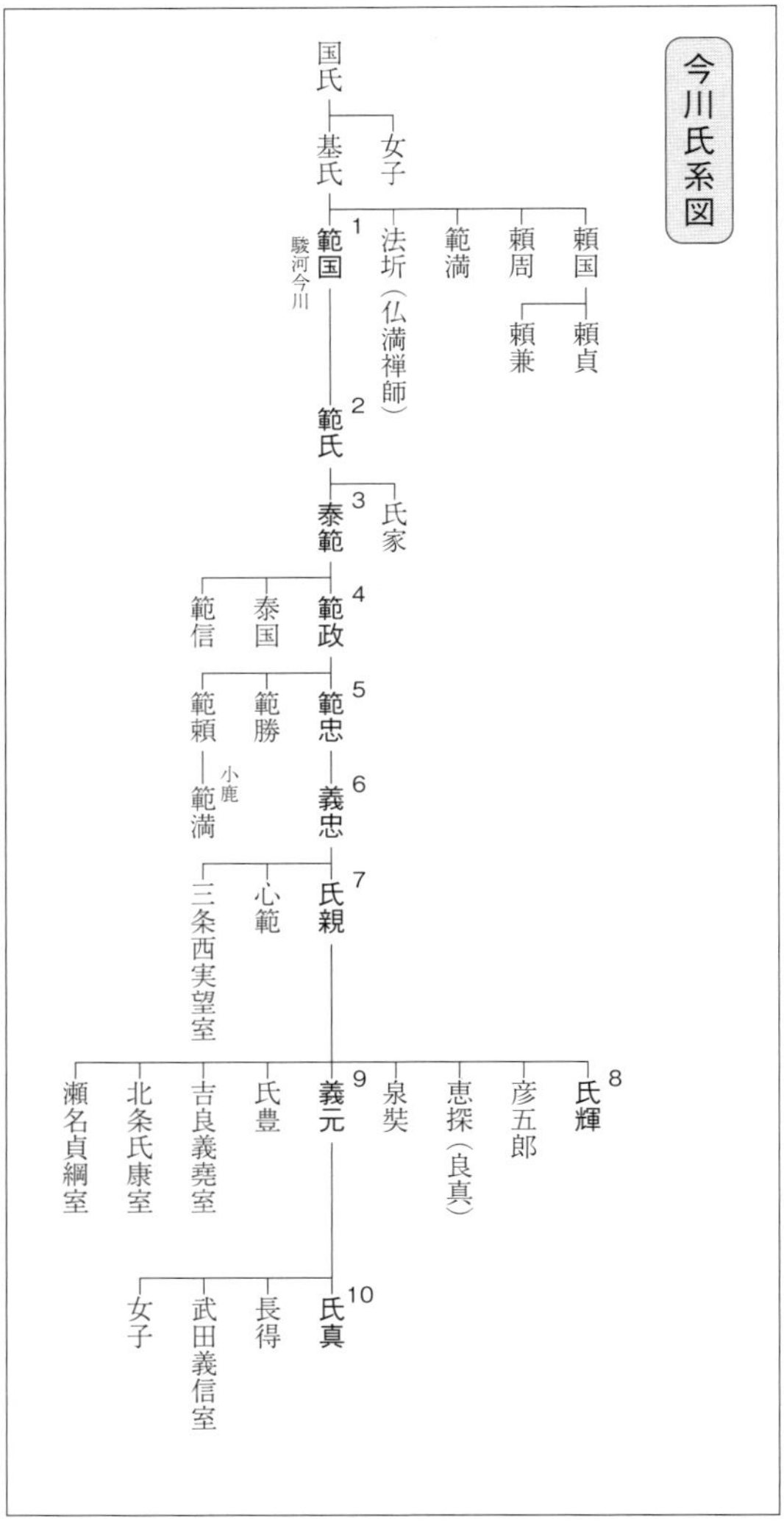

人まではやはり貴族の娘であった。一人は小槻伊治《おづきこれはる》の娘、もう一人は広橋兼秀の娘である。当然、京都からたくさんの公家を〝小京都〟山口に迎えており、そこに、大内文化の花が開くことになった。

朝倉氏の領国は越前一国であった。この点では、大内氏の最盛期の七ヵ国というのにく

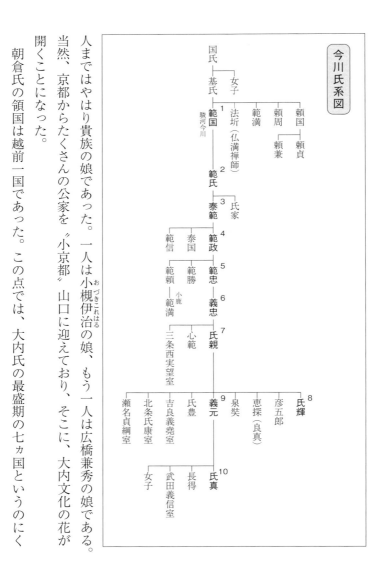

らべればはるかに劣り、比較の対象にすらならないといったところが正直なところである。しかし、文化的には、大内氏・今川氏と肩を並べている。それはどうしてなのだろうか。

理由はいくつかあると思われるが、一つは、戦国大名朝倉氏五代、すなわち、孝景・氏景・貞景・孝景・義景の五代の治政が比較的順調に進んでいたことである。

戦国大名初代の孝景は四代と同じ名前であるが、初代孝景のとき有名な「朝倉孝景条々」という家訓を制定している。これは、少し前までだと、「朝倉敏景十七箇条」の名でよばれていた。『群書類従』にその名で収録されていたからである。

しかし、近年の研究で、「朝倉孝景条々」の方が一般的となっている。家訓ではあるが領国規範としての分国法的な要素も含まれており、初代の孝景による越前支配の施策をみることができる。

たとえば、有力家臣の一乗谷城下への強制移転命令とか、能力本位主義の規定などである。つまり、朝倉氏は、一ヵ国ではあるが、その領国経営に成功しており、文化を受け容れる素地を築きあげていたことがわかる。

京都から学者の清原氏を招いたり、五代の義景は、歌を二条浄光院に学んでおり、京風の文化を一乗谷に移した感があり、現に、発掘調査された一乗谷朝倉遺跡からは、戦国時代の高度な文化を示す遺物が多数出土しているのである。

これら大内氏・朝倉氏に対し、全盛時代の今川氏は、領国規模の点では、駿河・遠江・三河の三ヵ国にわたり、一部尾張にもくいこんでおり、大内氏ほどではないにしても、戦国大名の領国規模としては大きい方であった。

また、今川氏は、領内に金山をもち、産金もあり、領国を東西に貫く形で東海道が通り、さらに伊勢大湊と結ぶ太平洋岸水運も盛んだったので、商品流通による収益もあった。そのため、財政基盤はかなり強固だったと思われる。

そうした経済力を背景に、京都から下ってきた公家の生活上の面倒をみることも可能だったのである。

三戦国大名の末路

大内氏のつまずきは、義隆が、寵臣相良武任《さがらたけとう》を重用したことによって、足もとである周防守護代の陶隆房と対立したことである。隆房は再三の諫言《かんげん》に耳を貸そうとしない義隆の態度によって謀反を決意し、天文二十年（一五五一）八月、自らの居城である周防の富田若山城で挙兵し、山口に攻め入って、九月一日、主君義隆を長門に逐い、そこの深川大寧《たいねい》寺《じ》で自刃に追いこんでいるのである。

守護代陶隆房による典型的な下剋上であった。このあと、隆房は、義隆の甥にあたる晴《はる》英《ひで》を豊後から迎えて当主とし、自らは、晴英の一字をうけて晴賢と改名している。しかしその晴英も、弘治三年（一五五七）、毛利元就に滅ぼされ、ここに名門大内氏は滅亡した。

朝倉氏も、義景の時に滅亡する。義景は一時期、足利義昭に頼られたことがあり、その縁もあって、信長と対立した義昭と気脈を通じていた。そのため、元亀《げんき》元年（一五七〇）四月に信長に攻められたが、そのときは浅井《あざい》長政が信長から離叛したため、攻め滅ぼされてはいない。

滅亡はその三年後、天正元年（一五七三）八月である。信長軍によって越前を攻められ、義景は自害している。

今川氏は、何といっても、永禄三年（一五六〇）五月十九日の、桶狭間の戦いにおける義元の死が致命的だった。そのとき、井伊直盛ら重臣も多数殺されており、以後、下り坂に向かっている。

義元の子氏真は、父の領国経営を引きついだが、まず三河の諸将が離叛し、ついで、遠江の諸将も動揺し、ついに永禄十一年（一五六八）十二月、北から武田信玄、西から徳川家康に同時に攻め込まれ、滅亡していったのである。

＊『静岡の文化』四四号　一九九六年　公益財団法人静岡県文化財団

今川義元夫人に関する新史料

私は、太原崇孚、すなわち雪斎に関係する史料を蒐集している。その過程で「定恵院殿南室妙康大禅定尼」の葬儀の一部始終を書き記した史料を目にすることができたので、この場を借りて紹介することにしよう。

「定恵院殿南室妙康大禅定尼」といってもあまりなじみのない人ではあるが、天文十九年(一五五〇)に駿府で死んだ今川義元夫人のことである。武田信虎の娘で信玄の姉にあたる。信虎と義元が甲駿同盟を結んだとき、義元に嫁がされている。

ここに紹介するのは、「明叔慶浚等諸僧法語雑録」に収められているもので、同書は少し前『妙心寺派語録』二として『瑞泉寺史』別巻の形で活字化され、利用しやすくなった。

駿河・遠江の太守今川義元の正室の葬儀ということで、臨済宗妙心寺派の主要な僧侶が駿府に下って盛大に葬儀がいとなまれている。ただ、残念ながらいつ挙行されたのか日付の記載がなくわからない。

鎖龕《さがん》を井伊谷龍潭寺の黙宗がつとめ、起龕《きがん》を梅室がつとめ、奠湯《てんとう》は南陽、奠茶《てんちゃ》は名前の記載がなく、秉炬《へいきょ》が太原、すなわち雪斎である。

収骨は文益座元が務めている。

「秉炬」のときの雪斎の法語は次の通りである。

　　秉炬　大《(太)》原

封国夫人其姓張、夾山昔日為商量、要
知々仏出身處、風自南来殿閣涼、共惟、
某、永壺貯月、気節凝霜、
　導之以徳斎之以礼、
　楽而不滛哀而不傷、
賦淑女章則騒人稱之、殷得嫛氏、
呼慈姑名者君子論也、衛有定姜、
　頽乎久臥寝室、俄然終入帝郷、
妃嬪勝嬙倚柱惆帳、臣民走卒仰天蒼黄、
季頁上旬、相当金粟如来降誕、
孟陬十日、記得澄霊大師坐亡、
　始亦無終亦無始終更際断、
　生不道死不道生死也何妨、

起定恵風、頓掃除無明塵垢、
剪貧愛水、速観破密印道場、
與麼論什魔宮仏界、説甚地獄天堂、
明暗〻無分暁、淨躶〻他承当
這個旦置大禅定尼、出身端的如何宣揚、
撃石火閃電光、咄、

いまの活字にはないような、印刷屋さん泣かせの字が続くが、他の鎖龕・起龕・奠湯・奠茶・収骨のところも含め、現在、漢和辞典を片手に、解読に悪戦苦闘中である。
ただ、いまの部分だけからも、義元夫人は六月十日に亡くなったということが判明する。それと「頽乎久臥寝室」とあるところから推定すれば、彼女はかなり長いこと病床にあったのであろう。

なお、「収骨」の文益座元の法語には「美人釋氏、婦女観音」といった表現もあり、美人であったらしいことがうかがわれる。もっとも、法語に「美人」とあるから本当に美人だったとはかぎらないが……。

＊『紙魚』十五号　一九八九年五月
駿河古文書会

小和田　哲男（おわだ・てつお）
1944年、静岡市生まれ。早稲田大学大学院文学研究科博士課程修了。現在、静岡大学名誉教授、文学博士、公益財団法人日本城郭協会理事長。専門は日本中世史、特に戦国時代史。著書に『戦国の合戦』『戦国の城』『戦国の群像』（以上学研新書）などがある。NHK大河ドラマ『秀吉』『功名が辻』『天地人』『江～姫たちの戦国～』『軍師官兵衛』『おんな城主 直虎』の時代考証を担当。

今川義元　知られざる実像

発行日…………2019年3月20日 初版発行
　　　　　　　2019年11月22日 第2刷発行

著　者…………小和田哲男
発行者…………大石　剛
発売元…………株式会社静岡新聞社
　　　　　　　〒422-8033 静岡県静岡市駿河区登呂3-1-1
　　　　　　　電話　054-284-1666
印刷所…………図書印刷株式会社

ISBN978-4-7838-1089-6 C0021

定価はカバーに表示しています
乱丁・落丁本はお取り替えいたします